그의 마음의 소원을 들어 주셨으며
그의 입술의 요구를 거절하지 아니하셨나이다 (셀라)
주의 아름다운 복으로 그를 영접하시고
순금 관을 그의 머리에 씌우셨나이다
(시 21:2-3)

You have granted him his heart's desire and have not withheld
the request of his lips.
You came to greet him with rich blessings and placed a crown of
pure gold on his head.
(Psalm 21:2-3)

6/29

June

내 아들아 나의 법을 잊어버리지 말고
네 마음으로 나의 명령을 지키라
그리하면 그것이 네가 장수하여 많은 해를
누리게 하며 평강을 더하게 하리라
(잠 3:1-2)

My son, do not forget my teaching, but keep my commands
in your heart, for they will prolong your life many years and
bring you peace and prosperity.
(Proverbs 3:1-2)

7/1
July

그러므로 생명을 사랑하고
좋은 날 보기를 원하는 자는
혀를 금하여 악한 말을 그치며
그 입술로 거짓을 말하지 말고
(벧전 3:10)

For, "Whoever would love life and see good days must keep
their tongue from evil and their lips from deceitful speech.
(1 Peter 3:10)

6/30

June

하늘에서는 주 외에 누가 내게 있으리요
땅에서는 주 밖에 내가 사모할 이 없나이다
내 육체와 마음은 쇠약하나
하나님은 내 마음의 반석이시요 영원한 분깃이시라
(시 73:25-26)

Whom have I in heaven but you?
And earth has nothing I desire besides you.
My flesh and my heart may fail, but God is the strength
of my heart and my portion forever.
(Psalm 73:25-26)

내가 네 사업과 사랑과 믿음과 섬김과 인내를 아노니
네 나중 행위가 처음 것보다 많도다
(계 2:19)

I know your deeds, your love and faith, your service and
perseverance,
and that you are now doing more than you did at first.
(Revelation 2:19)

6/28

June

미련한 자는 자기 행위를 바른 줄로 여기나
지혜로운 자는 권고를 듣느니라
(잠 12:15)

The way of fools seems right to them, but the wise listen to advice.
(Proverbs 12:15)

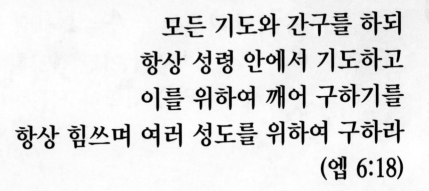

모든 기도와 간구를 하되
항상 성령 안에서 기도하고
이를 위하여 깨어 구하기를
항상 힘쓰며 여러 성도를 위하여 구하라
(엡 6:18)

And pray in the Spirit on all occasions with all kinds of prayers and requests.
With this in mind,
be alert and always keep on praying for all the Lord's people.
(Ephesians 6:18)

우리의 싸우는 무기는 육신에 속한 것이 아니요
오직 어떤 견고한 진도 무너뜨리는
하나님의 능력이라 모든 이론을 무너뜨리며
(고후 10:4)

The weapons we fight with are not the weapons of the world.
On the contrary, they have divine power to demolish strongholds.
(2 Corinthians 10:4)

우리를 구원하시되 우리가 행한 바
의로운 행위로 말미암지 아니하고
오직 그의 긍휼하심을 따라
중생의 씻음과 성령의 새롭게 하심으로 하셨나니
(딛 3:5)

He saved us, not because of righteous things we had done,
but because of his mercy.
He saved us through the washing of rebirth and renewal
by the Holy Spirit.
(Titus 3:5)

그런즉 깨어 있으라
너희는 그 날과 그 때를 알지 못하느니라
(마 25:13)

Therefore keep watch,
because you do not know the day or the hour.
(Matthew 25:13)

그러므로 너희가 회개하고 돌이켜
너희 죄 없이 함을 받으라
이같이 하면 새롭게 되는 날이
주 앞으로부터 이를 것이요
(행 3:19)

Repent, then, and turn to God,
so that your sins may be wiped out, that times of
refreshing may come from the Lord.
(Acts 3:19)

6/25

June

겸손한 자와 함께 하여 마음을 낮추는 것이
교만한 자와 함께 하여
탈취물을 나누는 것보다 나으니라
(잠 16:19)

Better to be lowly in spirit along with the oppressed than to share plunder with the proud.
(Proverbs 16:19)

내가 그들에게 한 마음과 한 길을 주어 자기들과
자기 후손의 복을 위하여 항상 나를 경외하게 하고
(렘 32:39)

I will give them singleness of heart and action, so that they
will always fear me and that all will then go well for them and
for their children after them.
(Jeremiah 32:39)

나 여호와가 의로 너를 불렀은즉
내가 네 손을 잡아 너를 보호하며 너를 세워
백성의 언약과 이방의 빛이 되게 하리니
(사 42:6)

I, the Lord, have called you in righteousness;
I will take hold of your hand. I will keep you and will make you
to be a covenant for the people and a light for the Gentiles.
(Isaiah 42:6)

오히려 너희가
그리스도의 고난에 참여하는 것으로 즐거워하라
이는 그의 영광을 나타내실 때에
너희로 즐거워하고 기뻐하게 하려 함이라
(벧전 4:13)

But rejoice inasmuch as you participate in the sufferings of Christ,
so that you may be overjoyed when his glory is revealed.
(1 Peter 4:13)

진실로 그는 거만한 자를 비웃으시며
겸손한 자에게 은혜를 베푸시나니
(잠 3:34)

He mocks proud mockers but shows favor to the humble and oppressed.
(Proverbs 3:34)

그런즉 너희는 하나님께 복종할지어다
마귀를 대적하라 그리하면 너희를 피하리라
(약 4:7)

Submit yourselves, then, to God.
Resist the devil, and he will flee from you. (James 4:7)

여호와 하나님이 이르시되
사람이 혼자 사는 것이 좋지 아니하니
내가 그를 위하여 돕는 배필을 지으리라 하시니라
(창 2:18)

The Lord God said, "It is not good for the man to be alone.
I will make a helper suitable for him."
(Genesis 2:18)

7/10

July

사람이 마음으로 자기의 길을 계획할지라도
그의 걸음을 인도하시는 이는 여호와시니라
(잠 16:9)

In their hearts humans plan their course, but the
Lord establishes their steps.
(Proverbs 16:9)

엘리야는 우리와 성정이 같은 사람이로되
그가 비가 오지 않기를 간절히 기도한즉
삼 년 육 개월 동안 땅에 비가 오지 아니하고
다시 기도하니 하늘이 비를 주고
땅이 열매를 맺었느니라 (약 5:17-18)

Elijah was a human being, even as we are.
He prayed earnestly that it would not rain, and it did not rain on the land
for three and a half years. Again he prayed, and the heavens gave rain,
and the earth produced its crops. (James 5:17-18)

그러나 진리의 성령이 오시면
그가 너희를 모든 진리 가운데로 인도하시리니
그가 스스로 말하지 않고 오직 들은 것을 말하며
장래 일을 너희에게 알리시리라
(요 16:13)

But when he, the Spirit of truth, comes,
he will guide you into all the truth. He will not speak on his own;
he will speak only what he hears, and he will tell you what is yet to come.
(John 16:13)

6 / 20

June

자기의 이웃을 은근히 헐뜯는 자를
내가 멸할 것이요 눈이 높고 마음이 교만한 자를
내가 용납하지 아니하리로다
(시 101:5)

Whoever slanders their neighbor in secret, I will put to silence;
whoever has haughty eyes and a proud heart, I will not tolerate.
(Psalm 101:5)

여호와여 내 입에 파수꾼을 세우시고
내 입술의 문을 지키소서
(시 141:3)

Set a guard over my mouth, Lord; keep watch over the door of my lips.
(Psalm 141:3)

6/19

June

너의 하나님 여호와가 너의 가운데에 계시니 그는 구원을 베푸실 전능자이시라 그가 너로 말미암아 기쁨을 이기지 못하시며 너를 잠잠히 사랑하시며 너로 말미암아 즐거이 부르며 기뻐하시리라 하리라 (습 3:17)

The Lord your God is with you, the Mighty Warrior who saves. He will take great delight in you;
in his love he will no longer rebuke you, but will rejoice over you with singing." (Zephaniah 3:17)

사랑하는 자들아
거류민과 나그네 같은 너희를 권하노니
영혼을 거슬러 싸우는 육체의 정욕을 제어하라
(벧전 2:11)

Dear friends,
I urge you, as foreigners and exiles, to abstain from sinful desires,
which wage war against your soul.
(1 Peter 2:11)

그 때에 인자의 징조가 하늘에서 보이겠고
그 때에 땅의 모든 족속들이 통곡하며
그들이 인자가 구름을 타고
능력과 큰 영광으로 오는 것을 보리라
(마 24:30)

"Then will appear the sign of the Son of Man in heaven.
And then all the peoples of the earth will mourn when
they see the Son of Man coming on the clouds of heaven,
with power and great glory.
(Matthew 24:30)

의인의 아비는 크게 즐거울 것이요
지혜로운 자식을 낳은 자는
그로 말미암아 즐거울 것이니라
(잠 23:24)

The father of a righteous child has great joy; a man
who fathers a wise son rejoices in him.
(Proverbs 23:24)

6/17

June

우리 주 예수 그리스도로 말미암아
우리에게 승리를 주시는 하나님께 감사하노니
(고전 15:57)

But thanks be to God!
He gives us the victory through our Lord Jesus Christ.
(1 Corinthians 15:57)

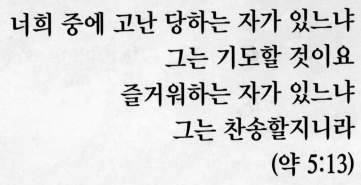

너희 중에 고난 당하는 자가 있느냐
그는 기도할 것이요
즐거워하는 자가 있느냐
그는 찬송할지니라
(약 5:13)

Is anyone among you in trouble? Let them pray.
Is anyone happy? Let them sing songs of praise.
(James 5:13)

6/16

June

주 앞에서 낮추라
그리하면 주께서 너희를 높이시리라
(약 4:10)

Humble yourselves before the Lord, and he will lift you up.
(James 4:10)

끝으로 너희가
주 안에서와 그 힘의 능력으로 강건하여지고
마귀의 간계를 능히 대적하기 위하여
하나님의 전신 갑주를 입으라
(엡 6:10-11)

Finally, be strong in the Lord and in his mighty power.
Put on the full armor of God,
so that you can take your stand against the devil's schemes.
(Ephesians 6:10-11)

너를 낮추시며 너를 주리게 하시며 또 너도 알지 못하며 네 조상들도 알지 못하던 만나를 네게 먹이신 것은 사람이 떡으로만 사는 것이 아니요 여호와의 입에서 나오는 모든 말씀으로 사는 줄을 네가 알게 하려 하심이니라 (신 8:3)

He humbled you, causing you to hunger and then feeding you with manna, which neither you nor your ancestors had known, to teach you that man does not live on bread alone but on every word that comes from the mouth of the Lord. (Deuteronomy 8:3)

믿는 자들에게는 이런 표적이 따르리니 곧 그들이
내 이름으로 귀신을 쫓아내며 새 방언을 말하며
뱀을 집어올리며 무슨 독을 마실지라도 해를 받지
아니하며 병든 사람에게 손을 얹은즉 나으리라
하시더라(막16:17-18)

And these signs will accompany those who believe: In my name they will
drive out demons; they will speak in new tongues; 18 they will pick up
snakes with their hands; and when they drink deadly poison, it will not
hurt them at all; they will place their hands on sick people, and they will
get well." (Mark 16:17-18)

6/14

June

자주 책망을 받으면서도
목이 곧은 사람은
갑자기 패망을 당하고 피하지 못하리라
(잠 29:1)

Whoever remains stiff-necked after many rebukes
will suddenly be destroyed-without remedy.
(Proverbs 29:1)

여호와여 주께서 하신 일이 어찌 그리 많은지요
주께서 지혜로 그들을 다 지으셨으니
주께서 지으신 것들이 땅에 가득하니이다
(시 104:24)

How many are your works, Lord!
In wisdom you made them all; the earth is full of your creatures.
(Psalm 104:24)

자기의 죄를 숨기는 자는 형통하지 못하나
죄를 자복하고 버리는 자는 불쌍히 여김을 받으리라
(잠 28:13)

Whoever conceals their sins does not prosper,
but the one who confesses and renounces them finds mercy.
(Proverbs 28:13)

7/19

July

여호와께 감사하라
그는 선하시며 그 인자하심이 영원함이로다
(시 107:1)

Give thanks to the Lord, for he is good; his love endures forever.
(Psalm 107:1)

하나님이 능히
모든 은혜를 너희에게 넘치게 하시나니
이는 너희로 모든 일에 항상 모든 것이 넉넉하여
모든 착한 일을 넘치게 하게 하려 하심이라
(고후 9:8)

And God is able to bless you abundantly, so that in all things at all
times, having all that you need, you will abound in every good work.
(2 Corinthians 9:8)

마음이 청결한 자는 복이 있나니
그들이 하나님을 볼 것임이요
(마 5:8)

Blessed are the pure in heart, for they will see God.
(Matthew 5:8)

부지런한 자의 경영은 풍부함에 이를 것이나
조급한 자는 궁핍함에 이를 따름이니라
(잠 21:5)

The plans of the diligent lead to profit as surely as haste leads to poverty.
(Proverbs 21:5)

7/21

July

온갖 좋은 은사와 온전한 선물이
다 위로부터 빛들의 아버지께로부터 내려오나니
그는 변함도 없으시고 회전하는 그림자도 없으시니라
(약 1:17)

Every good and perfect gift is from above,
coming down from the Father of the heavenly lights,
who does not change like shifting shadows.
(James 1:17)

너희는 스스로 조심하라
그렇지 않으면 방탕함과 술취함과 생활의 염려로
마음이 둔하여지고 뜻밖에
그 날이 덫과 같이 너희에게 임하리라
(눅 21:34)

Be careful, or your hearts will be weighed down with carousing, drunkenness and the anxieties of life, and that day will close on you suddenly like a trap.
(Luke 21:34)

모든 지킬 만한 것 중에 더욱 네 마음을 지키라
생명의 근원이 이에서 남이니라
(잠 4:23)

Above all else, guard your heart, for everything you do
flows from it.
(Proverbs 4:23)

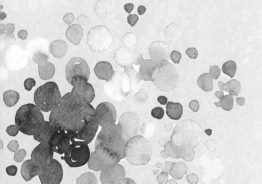

우리의 씨름은 혈과 육을 상대하는 것이 아니요
통치자들과 권세들과 이 어둠의 세상 주관자들과
하늘에 있는 악의 영들을 상대함이라
(엡 6:12)

For our struggle is not against flesh and blood, but against the rulers, against the authorities, against the powers of this dark world and against the spiritual forces of evil in the heavenly realms.
(Ephesians 6:12)

마음의 즐거움은 양약이라도
심령의 근심은 뼈를 마르게 하느니라
(잠 17:22)

A cheerful heart is good medicine, but a crushed spirit dries up the bones.
(Proverbs 17:22)

6/8

June

그러나 이 모든 일에
우리를 사랑하시는 이로 말미암아
우리가 넉넉히 이기느니라
(롬 8:37)

No, in all these things we are more than conquerors
through him who loved us.
(Romans 8:37)

하나님이 우리에게 주신 것은 두려워하는 마음이
아니요 오직 능력과 사랑과 절제하는 마음이니
(딤후 1:7)

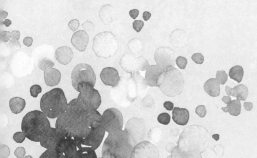

For the Spirit God gave us does not make us timid, but gives us power, love and self-discipline.
(2 Timothy 1:7)

자녀들아 우리가 말과 혀로만 사랑하지 말고
행함과 진실함으로 하자
이로써 우리가 진리에 속한 줄을 알고
또 우리 마음을 주 앞에서 굳세게 하리니
(요일 3:18-19)

Dear children, let us not love with words or speech
but with actions and in truth.
This is how we know that we belong to the truth and
how we set our hearts at rest in his presence.
(1 John 3:18-19)

그런즉 너희가 어떻게 행할지를 자세히 주의하여
지혜 없는 자 같이 하지 말고
오직 지혜 있는 자 같이 하여
세월을 아끼라 때가 악하니라
(엡 5:15-16)

Be very careful, then, how you live - not as unwise but as wise,
making the most of every opportunity, because the days are evil.
(Ephesians 5:15-16)

그들은 악한 목적으로 서로 격려하며
남몰래 올무 놓기를 함께 의논하고 하는 말이
누가 우리를 보리요 하며
그들은 죄악을 꾸미며 이르기를
우리가 묘책을 찾았다 하나니
각 사람의 속 뜻과 마음이 깊도다 (시 64:5-6)

They encourage each other in evil plans, they talk about hiding their snares; they say, "Who will see it?"
They plot injustice and say, "We have devised a perfect plan!"
Surely the human mind and heart are cunning. (Psalm 64:5-6)

오직 여호와를 앙망하는 자는 새 힘을 얻으리니
독수리가 날개치며 올라감 같을 것이요
달음박질하여도 곤비하지 아니하겠고
걸어가도 피곤하지 아니하리로다
(사 40:31)

But those who hope in the Lord will renew their strength.
They will soar on wings like eagles; they will run and not grow weary,
they will walk and not be faint.
(Isaiah 40:31)

6 / 5
June

베뢰아에 있는 사람들은
데살로니가에 있는 사람들보다 더 너그러워서
간절한 마음으로 말씀을 받고
이것이 그러한가 하여 날마다 성경을 상고하므로
(행 17:11)

Now the Berean Jews were of more noble character than
those in Thessalonica, for they received the message with great
eagerness and examined the Scriptures every day to see if what
Paul said was true.
(Acts 17:11)

무릇 더러운 말은 너희 입 밖에도 내지 말고
오직 덕을 세우는 데 소용되는 대로
선한 말을 하여 듣는 자들에게 은혜를 끼치게 하라
(엡 4:29)

Do not let any unwholesome talk come out of your mouths,
but only what is helpful for building others up according to their needs,
that it may benefit those who listen.
(Ephesians 4:29)

6 / 4

June

우리 주 예수 그리스도의 은혜를 너희가 알거니와
부요하신 이로서 너희를 위하여 가난하게 되심은
그의 가난함으로 말미암아
너희를 부요하게 하려 하심이라
(고후 8:9)

For you know the grace of our Lord Jesus Christ,
that though he was rich, yet for your sake he became poor,
so that you through his poverty might become rich.
(2 Corinthians 8:9)

그가 시험을 받아 고난을 당하셨은즉
시험 받는 자들을 능히 도우실 수 있느니라
(히 2:18)

Because he himself suffered when he was tempted,
he is able to help those who are being tempted.
(Hebrews 2:18)

자기 아들을 아끼지 아니하시고
우리 모든 사람을 위하여 내주신 이가
어찌 그 아들과 함께 모든 것을
우리에게 주시지 아니하겠느냐
(롬 8:32)

He who did not spare his own Son, but gave him
up for us all-how will he not also, along with him,
graciously give us all things?
(Romans 8:32)

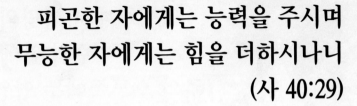

피곤한 자에게는 능력을 주시며
무능한 자에게는 힘을 더하시나니
(사 40:29)

He gives strength to the weary and increases
the power of the weak.
(Isaiah 40:29)

6/2

June

주께서 생명의 길을 내게 보이시리니
주의 앞에는 충만한 기쁨이 있고
주의 오른쪽에는 영원한 즐거움이 있나이다
(시 16:11)

You make known to me the path of life; you will fill me with joy in your presence, with eternal pleasures at your right hand. (Psalm 16:11)

너희는 여호와를 영원히 신뢰하라
주 여호와는 영원한 반석이심이로다
(사 26:4)

Trust in the Lord forever, for the Lord, the Lord himself,
is the Rock eternal. (Isaiah 26:4)

의인이여 너희는 여호와로 말미암아 기뻐하며
그의 거룩한 이름에 감사할지어다
(시 97:12)

Rejoice in the Lord, you who are righteous, and praise
his holy name.
(Psalm 97:12)

7/31

July

여호와 하나님이 이르시되
사람이 혼자 사는 것이 좋지 아니하니
내가 그를 위하여 돕는 배필을 지으리라 하시니라
(창 2:18)

The Lord God said, "It is not good for the man to be alone.
I will make a helper suitable for him."
(Genesis 2:18)

그의 형제를 사랑하는 자는 빛 가운데 거하여
자기 속에 거리낌이 없으나
그의 형제를 미워하는 자는 어둠에 있고
또 어둠에 행하며 갈 곳을 알지 못하나니
이는 그 어둠이 그의 눈을 멀게 하였음이라
(요일 2:10-11)

Anyone who loves their brother and sister lives in the light, and there is nothing in them to make them stumble. But anyone who hates a brother or sister is in the darkness and walks around in the darkness. They do not know where they are going, because the darkness has blinded them. (1 John 2:10-11)

돈을 사랑하지 말고 있는 바를 족한 줄로 알라
그가 친히 말씀하시기를 내가 결코 너희를 버리지
아니하고 너희를 떠나지 아니하리라 하셨느니라
(히 13:5)

Keep your lives free from the love of money and be
content with what you have, because God has said,
"Never will I leave you; never will I forsake you."
(Hebrews 13:5)

죄가 너희를 주장하지 못하리니
이는 너희가 법 아래에 있지 아니하고
은혜 아래에 있음이라
(롬 6:14)

For sin shall no longer be your master, because you are not under the law, but under grace.
(Romans 6:14)

통치자들과 권세들을 무력화하여
드러내어 구경거리로 삼으시고
십자가로 그들을 이기셨느니라
(골 2:15)

And having disarmed the powers and authorities,
he made a public spectacle of them, triumphing over them by the cross.
(Colossians 2:15)

5/29

May

오직 우리 주 곧 구주 예수 그리스도의 은혜와
그를 아는 지식에서 자라 가라 영광이 이제와
영원한 날까지 그에게 있을지어다
(벧후 3:18)

But grow in the grace and knowledge of our Lord
and Savior Jesus Christ.
To him be glory both now and forever! Amen.
(2 Peter 3:18)

분을 내어도 죄를 짓지 말며
해가 지도록 분을 품지 말고
마귀에게 틈을 주지 말라
(엡 4:26-27)

"In your anger do not sin"
Do not let the sun go down while you are still angry,
and do not give the devil a foothold.
(Ephesians 4:26-27)

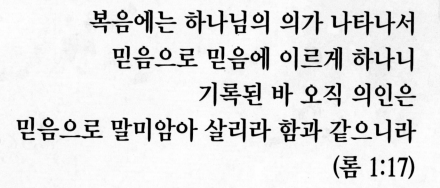

5/28

May

복음에는 하나님의 의가 나타나서
믿음으로 믿음에 이르게 하나니
기록된 바 오직 의인은
믿음으로 말미암아 살리라 함과 같으니라
(롬 1:17)

For in the gospel the righteousness of God is revealed - a righteousness
that is by faith from first to last, just as it is written:
"The righteous will live by faith."
(Romans 1:17)

여호와는 네게 복을 주시고 너를 지키시기를 원하며
여호와는 그의 얼굴을 네게 비추사
은혜 베푸시기를 원하며
여호와는 그 얼굴을 네게로 향하여 드사
평강 주시기를 원하노라 할지니라 하라
(민 6:24-26)

The Lord bless you and keep you; the Lord make his face
shine on you and be gracious to you; the Lord turn his face
toward you and give you peace.
(Numbers 6:24-26)

5/27

May

예수께서 이르시되 할 수 있거든이 무슨 말이냐
믿는 자에게는 능히 하지 못할 일이 없느니라
하시니 (막 9:23)

'If you can'? said Jesus.
"Everything is possible for one who believes." (Mark 9:23)

이와 같이 성령도 우리의 연약함을 도우시나니
우리는 마땅히 기도할 바를 알지 못하나
오직 성령이 말할 수 없는 탄식으로
우리를 위하여 친히 간구하시느니라
(롬 8:26)

In the same way, the Spirit helps us in our weakness.
We do not know what we ought to pray for, but the Spirit
himself intercedes for us through wordless groans.
(Romans 8:26)

5/26

May

생명을 사모하고 연수를 사랑하여
복 받기를 원하는 사람이 누구뇨
네 혀를 악에서 금하며
네 입술을 거짓말에서 금할지어다
(시 34:12-13)

Whoever of you loves life and desires to see many good days,
keep your tongue from evil and your lips from telling lies.
(Psalm 34:12-13)

주의 법이 나의 즐거움이 되지 아니하였더면
내가 내 고난 중에 멸망하였으리이다
(시 119:92)

If your law had not been my delight, I would have perished
in my affliction.
(Psalm 119:92)

5/25

May

그러므로 하나님의 능하신 손 아래에서 겸손하라
때가 되면 너희를 높이시리라
(벧전 5:6)

Humble yourselves, therefore,
under God's mighty hand, that he may lift you up in due time.
(1 Peter 5:6)

말이 많으면 허물을 면하기 어려우나
그 입술을 제어하는 자는 지혜가 있느니라
(잠 10:19)

Sin is not ended by multiplying words, but the prudent hold their tongues.
(Proverbs 10:19)

너희가 기도할 때에 무엇이든지 믿고 구하는 것은
다 받으리라 하시니라
(마 21:22)

If you believe, you will receive whatever you ask for in prayer.
(Matthew 21:22)

사무엘이 이르되 여호와께서 번제와 다른 제사를
그의 목소리를 청종하는 것을 좋아하심 같이
좋아하시겠나이까 순종이 제사보다 낫고
듣는 것이 숫양의 기름보다 나으니
(삼상 15:22)

But Samuel replied:
"Does the Lord delight in burnt offerings and sacrifices as much as
in obeying the Lord?
To obey is better than sacrifice,
and to heed is better than the fat of rams.
(1 Samuel 15:22)

마음이 혼미하던 자들도 총명하게 되며
원망하던 자들도 교훈을 받으리라 하셨느니라
(사 29:24)

Those who are wayward in spirit will gain understanding;
those who complain will accept instruction."
(Isaiah 29:24)

좋은 땅에 뿌려졌다는 것은
말씀을 듣고 깨닫는 자니 결실하여
어떤 것은 백 배, 어떤 것은 육십 배,
어떤 것은 삼십 배가 되느니라 하시더라
(마 13:23)

But the seed falling on good soil refers to someone who hears the word and understands it.
This is the one who produces a crop, yielding a hundred, sixty or thirty times what was sown."
(Matthew 13:23)

5/22
May

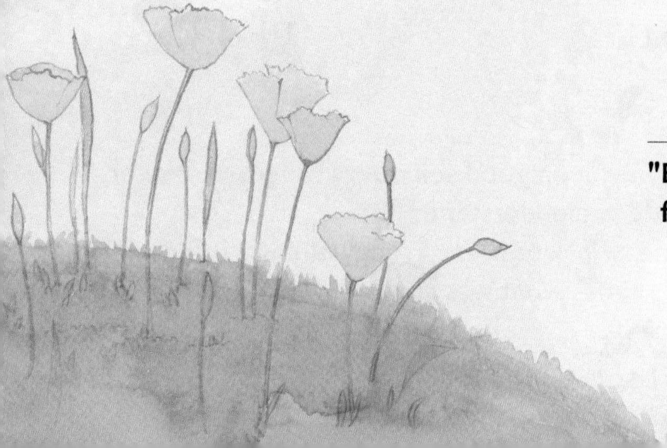

심령이 가난한 자는 복이 있나니
천국이 그들의 것임이요
(마 5:3)

"Blessed are the poor in spirit,
for theirs is the kingdom of heaven. (Matthew 5:3)

믿음이 연약한 자를 너희가 받되
그의 의견을 비판하지 말라
(롬 14:1)

Accept the one whose faith is weak, without quarreling
over disputable matters.
(Romans 14:1)

내가 너와 함께 있어 네가 어디로 가든지
너를 지키며 너를 이끌어 이 땅으로 돌아오게
할지라 내가 네게 허락한 것을 다 이루기까지
너를 떠나지 아니하리라 하신지라
(창 28:15)

I am with you and will watch over you wherever you go,
and I will bring you back to this land.
I will not leave you until I have done what I have promised you."
(Genesis 28:15)

주 여호와께서 학자들의 혀를 내게 주사
나로 곤고한 자를 말로 어떻게 도와 줄 줄을 알게
하시고 아침마다 깨우치시되 나의 귀를 깨우치사
학자들 같이 알아듣게 하시도다
(사 50:4)

The Sovereign Lord has given me a well-instructed tongue,
to know the word that sustains the weary.
He wakens me morning by morning, wakens my ear to listen
like one being instructed.
(Isaiah 50:4)

그 날에 여호와께서 말씀하신 이 산지를 지금 내게 주소서 당신도 그 날에 들으셨거니와 그 곳에는 아낙 사람이 있고 그 성읍들은 크고 견고할지라도 여호와께서 나와 함께 하시면 내가 여호와께서 말씀하신 대로 그들을 쫓아내리이다 하니 (수 14:12)

Now give me this hill country that the Lord promised me that day. You yourself heard then that the Anakites were there and their cities were large and fortified, but, the Lord helping me, I will drive them out just as he said." (Joshua 14:12)

너희가 오른쪽으로 치우치든지
왼쪽으로 치우치든지 네 뒤에서 말소리가
네 귀에 들려 이르기를
이것이 바른 길이니 너희는 이리로 가라 할 것이며
(사 30:21)

Whether you turn to the right or to the left, your ears will
hear a voice behind you, saying, "This is the way; walk in it."
(Isaiah 30:21)

5/19

May

하나님이여 내 마음이 확정되었고
내 마음이 확정되었사오니
내가 노래하고 내가 찬송하리이다
(시 57:7)

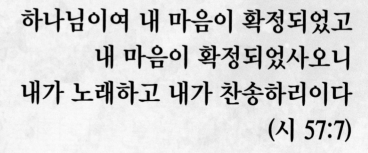

My heart, O God, is steadfast, my heart is steadfast;
I will sing and make music.
(Psalm 57:7)

그리스도를 위하여 너희에게 은혜를 주신 것은
다만 그를 믿을 뿐 아니라
또한 그를 위하여 고난도 받게 하려 하심이라
(빌 1:29)

For it has been granted to you on behalf of Christ
not only to believe in him, but also to suffer for
him
(Philippians 1:29)

내가 그리스도와 함께 십자가에 못 박혔나니
그런즉 이제는 내가 사는 것이 아니요
오직 내 안에 그리스도께서 사시는 것이라
이제 내가 육체 가운데 사는 것은
나를 사랑하사 나를 위하여 자기 자신을 버리신
하나님의 아들을 믿는 믿음 안에서 사는 것이라
(갈 2:20)

I have been crucified with Christ and I no longer live, but Christ lives in me.
The life I now live in the body, I live by faith in the Son of God, who loved me and gave himself for me. (Galatians 2:20)

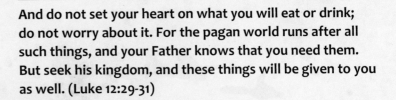

너희는 무엇을 먹을까 무엇을 마실까 하여
구하지 말며 근심하지도 말라 이 모든 것은
세상 백성들이 구하는 것이라 너희 아버지께서는
이런 것이 너희에게 있어야 할 것을 아시느니라
다만 너희는 그의 나라를 구하라 그리하면
이런 것들을 너희에게 더하시리라 (눅 12:29-31)

And do not set your heart on what you will eat or drink;
do not worry about it. For the pagan world runs after all
such things, and your Father knows that you need them.
But seek his kingdom, and these things will be given to you
as well. (Luke 12:29-31)

예수께서 또 말씀하여 이르시되
나는 세상의 빛이니 나를 따르는 자는
어둠에 다니지 아니하고 생명의 빛을 얻으리라
(요 8:12)

When Jesus spoke again to the people, he said, "I am the light of the world.
Whoever follows me will never walk in darkness, but will have the light of life."
(John 8:12)

그러므로 너희가 그리스도 예수를 주로 받았으니
그 안에서 행하되 그 안에 뿌리를 박으며 세움을
받아 교훈을 받은 대로 믿음에 굳게 서서 감사함을
넘치게 하라 (골 2:6-7)

So then, just as you received Christ Jesus as Lord, continue to
live your lives in him, rooted and built up in him, trengthened
in the faith as you were taught, and overflowing with
thankfulness. (Colossians 2:6-7)

5/16

May

지혜로운 자와 동행하면 지혜를 얻고
미련한 자와 사귀면 해를 받느니라
(잠 13:20)

Walk with the wise and become wise, for a companion of
fools suffers harm.
(Proverbs 13:20)

8 / 16

August

FAITH

이 율법책을 네 입에서 떠나지 말게 하며
주야로 그것을 묵상하여
그 안에 기록된 대로 다 지켜 행하라
그리하면 네 길이 평탄하게 될 것이며
네가 형통하리라
(수 1:8)

Keep this Book of the Law always on your lips; meditate on it day
and night, so that you may be careful to do everything written in it.
Then you will be prosperous and successful. (Joshua 1:8)

5/15

May

마땅히 행할 길을 아이에게 가르치라
그리하면 늙어도 그것을 떠나지 아니하리라
(잠 22:6)

Start children off on the way they should go,
and even when they are old they will not turn from it.
(Proverbs 22:6)

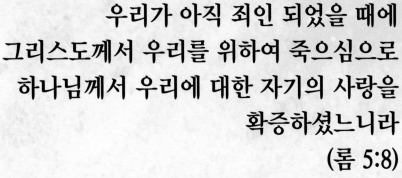

우리가 아직 죄인 되었을 때에
그리스도께서 우리를 위하여 죽으심으로
하나님께서 우리에 대한 자기의 사랑을
확증하셨느니라
(롬 5:8)

But God demonstrates his own love for us in this: While we were
still sinners, Christ died for us.
(Romans 5:8)

5/14

May

만일 그들이 우리 주 되신
구주 예수 그리스도를 앎으로 세상의 더러움을
피한 후에 다시 그 중에 얽매이고 지면
그 나중 형편이 처음보다 더 심하리니
(벧후 2:20)

If they have escaped the corruption of the world by knowing
our Lord and Savior Jesus Christ and are again entangled in
it and are overcome, they are worse off at the end than they
were at the beginning.
(2 Peter 2:20)

겸손과 여호와를 경외함의 보상은
재물과 영광과 생명이니라
(잠 22:4)

Humility is the fear of the Lord; its wages are riches and honor and life.
(Proverbs 22:4)

5/13

May

우리는 그리스도 안에서 그의 은혜의 풍성함을 따라
그의 피로 말미암아 속량 곧 죄 사함을 받았느니라
(엡 1:7)

In him we have redemption through his blood, the forgiveness
of sins, in accordance with the riches of God's grace
(Ephesians 1:7)

여호와여 나의 발이 미끄러진다고 말할 때에
주의 인자하심이 나를 붙드셨사오며
내 속에 근심이 많을 때에 주의 위안이
내 영혼을 즐겁게 하시나이다
(시 94:18-19)

When I said,
"My foot is slipping," your unfailing love, Lord, supported me.
When anxiety was great within me, your consolation brought me joy.
(Psalm 94:18-19)

청년이여 네 어린 때를 즐거워하며
네 청년의 날들을 마음에 기뻐하여
마음에 원하는 길들과 네 눈이 보는 대로 행하라
그러나 하나님이 이 모든 일로 말미암아
너를 심판하실 줄 알라
(전 11:9)

You who are young, be happy while you are young, and let your
heart give you joy in the days of your youth.
Follow the ways of your heart and whatever your eyes see, but
know that for all these things God will bring you into judgment.
(Ecclesiastes 11:9)

의인의 입술은 여러 사람을 교육하나
미련한 자는 지식이 없어 죽느니라
(잠 10:21)

The lips of the righteous nourish many, but fools die for lack of sense.
(Proverbs 10:21)

내가 주의 성전을 향하여 예배하며
주의 인자하심과 성실하심으로 말미암아
주의 이름에 감사하오리니
이는 주께서 주의 말씀을
주의 모든 이름보다 높게 하셨음이라
(시 138:2)

I will bow down toward your holy temple and will praise
your name for your unfailing love and your faithfulness,
for you have so exalted your solemn decree that it
surpasses your fame. (Psalm 138:2)

하나님이여 주는 나의 하나님이시라
내가 간절히 주를 찾되
물이 없어 마르고 황폐한 땅에서
내 영혼이 주를 갈망하며
내 육체가 주를 앙모하나이다
(시 63:1)

You, God, are my God, earnestly I seek you; I thirst for you,
my whole being longs for you, in a dry and parched land
where there is no water.
(Psalm 63:1)

5/10

May

보라 형제가 연합하여 동거함이
어찌 그리 선하고 아름다운고
(시 133:1)

How good and pleasant it is when God's people live
together in unity!
(Psalm 133:1)

너는 네 눈 속에 있는 들보를 보지 못하면서 어찌하여 형제에게 말하기를 형제여 나로 네 눈 속에 있는 티를 빼게 하라 할 수 있느냐 외식하는 자여 먼저 네 눈 속에서 들보를 빼라 그 후에야 네가 밝히 보고 형제의 눈 속에 있는 티를 빼리라 (눅 6:42)

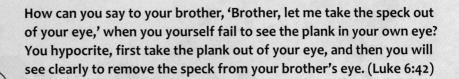

How can you say to your brother, 'Brother, let me take the speck out of your eye,' when you yourself fail to see the plank in your own eye? You hypocrite, first take the plank out of your eye, and then you will see clearly to remove the speck from your brother's eye. (Luke 6:42)

온유한 자는 복이 있나니
그들이 땅을 기업으로 받을 것임이요
(마 5:5)

Blessed are the meek, for they will inherit the earth.
(Matthew 5:5)

하나님이 이르시되
그가 나를 사랑한즉 내가 그를 건지리라
그가 내 이름을 안즉 내가 그를 높이리라
(시 91:14)

"Because he loves me," says the Lord,
"I will rescue him; I will protect him, for he acknowledges my name.
(Psalm 91:14)

네 부모를 즐겁게 하며
너를 낳은 어미를 기쁘게 하라
(잠 23:25)

May your father and mother rejoice; may she who gave you birth be joyful!
(Proverbs 23:25)

8/24

August

지혜와 권능이 하나님께 있고
계략과 명철도 그에게 속하였나니
(욥 12:13)

To God belong wisdom and power; counsel and understanding are his.
(Job 12:13)

지극히 존귀하며 영원히 거하시며
거룩하다 이름하는 이가 이와 같이 말씀하시되
내가 높고 거룩한 곳에 있으며
또한 통회하고 마음이 겸손한 자와 함께 있나니
이는 겸손한 자의 영을 소생시키며
통회하는 자의 마음을 소생시키려 함이라 (사 57:15)

For this is what the high and exalted One says - he who lives forever, whose name is holy: "I live in a high and holy place, but also with the one who is contrite and lowly in spirit, to revive the spirit of the lowly and to revive the heart of the contrite. (Isaiah 57:15)

의인의 입은 지혜를 내어도
패역한 혀는 베임을 당할 것이니라
(잠 10:31)

From the mouth of the righteous comes the fruit of wisdom,
but a perverse tongue will be silenced.
(Proverbs 10:31)

내가 진실로 진실로 너희에게 이르노니
내가 보낸 자를 영접하는 자는
나를 접하는 것이요
나를 영접하는 자는
나를 보내신 이를 영접하는 것이니라
(요 13:20)

Very truly I tell you, whoever accepts anyone
I send accepts me; and whoever accepts me accepts
the one who sent me."
(John 13:20)

오직 각 사람이 시험을 받는 것은
자기 욕심에 끌려 미혹됨이니
욕심이 잉태한즉 죄를 낳고 죄가 장성한즉
사망을 낳느니라
(약 1:14-15)

But each person is tempted when they are dragged
away by their own evil desire and enticed.
Then, after desire has conceived, it gives birth to sin;
and sin, when it is full-grown, gives birth to death.
(James 1:14-15)

예수께서 보시고 노하시어 이르시되
어린 아이들이 내게 오는 것을 용납하고 금하지 말라
하나님의 나라가 이런 자의 것이니라
내가 진실로 너희에게 이르노니
누구든지 하나님의 나라를 어린 아이와 같이
받들지 않는 자는 결단코 그 곳에 들어가지
못하리라 하시고 (막 10:14-15)

When Jesus saw this, he was indignant. He said to them, "Let the little children come to me, and do not hinder them, for the kingdom of God belongs to such as these. Truly I tell you, anyone who will not receive the kingdom of God like a little child will never enter it." (Mark 10:14-15)

내가 주께 감사하옴은
나를 지으심이 심히 기묘하심이라
주께서 하시는 일이 기이함을 내 영혼이 잘 아나이다
(시 139:14)

I praise you because I am fearfully and wonderfully made;
your works are wonderful, I know that full well.
(Psalm 139:14)

이것을 너희에게 이르는 것은 너희로 내 안에서
평안을 누리게 하려 함이라 세상에서는 너희가
환난을 당하나 담대하라 내가 세상을 이기었노라
(요 16:33)

"I have told you these things, so that in me you may have peace.
In this world you will have trouble. But take heart!
I have overcome the world."
(John 16:33)

주께서 나를 모든 악한 일에서 건져내시고
또 그의 천국에 들어가도록 구원하시리니
그에게 영광이 세세무궁토록 있을지어다 아멘
(딤후 4:18)

The Lord will rescue me from every evil attack and will bring
me safely to his heavenly kingdom.
To him be glory for ever and ever. Amen.
(2 Timothy 4:18)

너는 진리의 말씀을 옳게 분별하며 부끄러울 것이
없는 일꾼으로 인정된 자로 자신을 하나님 앞에
드리기를 힘쓰라 망령되고 헛된 말을 버리라
그들은 경건하지 아니함에 점점 나아가나니
(딤후 2:15-16)

Do your best to present yourself to God as one approved,
a worker who does not need to be ashamed and who correctly
handles the word of truth. Avoid godless chatter, because
those who indulge in it will become more and more ungodly.
(2 Timothy 2:15-16)

8/29

August

여호와의 이름은 견고한 망대라
의인은 그리로 달려가서 안전함을 얻느니라
(잠 18:10)

The name of the Lord is a fortified tower; the righteous run to it and are safe.
(Proverbs 18:10)

그들로 젊은 여자들을 교훈하되 그 남편과 자녀를
사랑하며 신중하며 순전하며 집안 일을 하며 선하며
자기 남편에게 복종하게 하라
이는 하나님의 말씀이 비방을 받지 않게 하려 함이라
(딛 2:4-5)

Then they can urge the younger women to love their husbands
and children, to be self-controlled and pure, to be busy at home,
to be kind, and to be subject to their husbands,
so that no one will malign the word of God.
(Titus 2:4-5)

여호와가 너를 항상 인도하여 메마른 곳에서도
네 영혼을 만족하게 하며 네 뼈를 견고하게 하리니
너는 물 댄 동산 같겠고
물이 끊어지지 아니하는 샘 같을 것이라
(사 58:11)

The Lord will guide you always; he will satisfy your needs in
a sun-scorched land and will strengthen your frame.
You will be like a well-watered garden, like a spring whose
waters never fail.
(Isaiah 58:11)

오직 성령이 너희에게 임하시면
너희가 권능을 받고
예루살렘과 온 유대와
사마리아와 땅 끝까지 이르러
내 증인이 되리라 하시니라
(행 1:8)

But you will receive power when the Holy Spirit comes on you;
and you will be my witnesses in Jerusalem,
and in all Judea and Samaria, and to the ends of the earth.
(Acts 1:8)

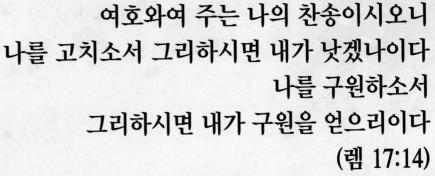

8/31

August

여호와여 주는 나의 찬송이시오니
나를 고치소서 그리하시면 내가 낫겠나이다
나를 구원하소서
그리하시면 내가 구원을 얻으리이다
(렘 17:14)

Heal me, Lord, and I will be healed; save me and I will be saved,
for you are the one I praise.
(Jeremiah 17:14)

우리가 하나님을 의지하고 용감하게 행하리니
그는 우리의 대적을 밟으실 이심이로다
(시 60:12)

With God we will gain the victory, and he will trample
down our enemies.
(Psalm 60:12)

이기는 자는 이와 같이 흰 옷을 입을 것이요
내가 그 이름을 생명책에서 결코 지우지 아니하고
그 이름을
내 아버지 앞과 그의 천사들 앞에서 시인하리라
(계 3:5)

The one who is victorious will, like them, be dressed in white.
I will never blot out the name of that person from the book of life,
but will acknowledge that name before my Father and his angels.
(Revelation 3:5)

또 어려서부터 성경을 알았나니
성경은 능히 너로 하여금
그리스도 예수 안에 있는 믿음으로 말미암아
구원에 이르는 지혜가 있게 하느니라
(딤후 3:15)

And how from infancy you have known the Holy Scriptures,
which are able to make you wise for salvation through faith
in Christ Jesus.
(2 Timothy 3:15)

여호와여 위대하심과 권능과 영광과 승리와 위엄이
다 주께 속하였사오니
천지에 있는 것이 다 주의 것이로소이다
여호와여 주권도 주께 속하였사오니
주는 높으사 만물의 머리이심이니이다
(대상 29:11)

Yours, Lord, is the greatness and the power and the glory and the
majesty and the splendor, for everything in heaven and earth is
yours. Yours, Lord, is the kingdom; you are exalted as head over all.
(1 Chronicles 29:11)

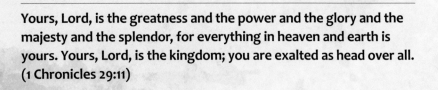

4/28

April

날마다 우리 짐을 지시는 주
곧 우리의 구원이신
하나님을 찬송할지로다 (셀라)
(시 68:19)

Praise be to the Lord, to God our Savior, who daily
bears our burdens.
(Psalm 68:19)

오래 참으면 관원도 설득할 수 있나니
부드러운 혀는 뼈를 꺾느니라
(잠 25:15)

Through patience a ruler can be persuaded, and a gentle
tongue can break a bone.
(Proverbs 25:15)

너희는 눈을 높이 들어
누가 이 모든 것을 창조하였나 보라
주께서는 수효대로 만상을
이끌어 내시고 그들의 모든 이름을 부르시나니
그의 권세가 크고 그의 능력이 강하므로
하나도 빠짐이 없느니라 (사 40:26)

Lift up your eyes and look to the heavens: Who created all these?
He who brings out the starry host one by one and calls forth
each of them by name. Because of his great power and mighty
strength, not one of them is missing. (Isaiah 40:26)

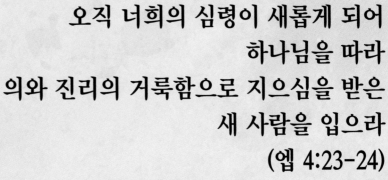

오직 너희의 심령이 새롭게 되어
하나님을 따라
의와 진리의 거룩함으로 지으심을 받은
새 사람을 입으라
(엡 4:23-24)

To be made new in the attitude of your minds;
24 and to put on the new self,
created to be like God in true righteousness and holiness.
(Ephesians 4:23-24)

4/26
April

그런즉 어찌하리요
우리가 법 아래에 있지 아니하고
은혜 아래에 있으니 죄를 지으리요
그럴 수 없느니라
(롬 6:15)

What then?
Shall we sin because we are not under law but under grace?
By no means!
(Romans 6:15)

네가 부를 때에는 나 여호와가 응답하겠고
네가 부르짖을 때에는 내가 여기 있다 하리라
만일 네가 너희 중에서
멍에와 손가락질과 허망한 말을 제하여 버리고
(사 58:9)

Then you will call, and the Lord will answer;
you will cry for help, and he will say: Here am I.
"If you do away with the yoke of oppression, with the pointing
finger and malicious talk
(Isaiah 58:9)

우리가 다 하나님의 아들을 믿는 것과
아는 일에 하나가 되어
온전한 사람을 이루어
그리스도의 장성한 분량이 충만한 데까지 이르리니
(엡 4:13)

Until we all reach unity in the faith and in the knowledge
of the Son of God and become mature, attaining to the
whole measure of the fullness of Christ.
(Ephesians 4:13)

아무 데나 예수께서 들어가시는 지방이나 도시나
마을에서 병자를 시장에 두고 예수께 그의
옷 가에라도 손을 대게 하시기를 간구하니
손을 대는 자는 다 성함을 얻으니라
(막 6:56)

And wherever he went - into villages, towns or countryside - they placed
the sick in the marketplaces.
They begged him to let them touch even the edge of his cloak,
and all who touched it were healed.
(Mark 6:56)

야베스가 이스라엘 하나님께 아뢰어 이르되
주께서 내게 복을 주시려거든 나의 지역을 넓히시고
주의 손으로 나를 도우사 나로 환난을 벗어나
내게 근심이 없게 하옵소서 하였더니
하나님이 그가 구하는 것을 허락하셨더라
(대상 4:10)

Jabez cried out to the God of Israel, "Oh, that you would
bless me and enlarge my territory!
Let your hand be with me, and keep me from harm so that
I will be free from pain." And God granted his request.
(1 Chronicles 4:10)

너희는 귀를 기울이고 내게로 나아와 들으라
그리하면 너희의 영혼이 살리라
내가 너희를 위하여 영원한 언약을 맺으리니
곧 다윗에게 허락한 확실한 은혜이니라
(사 55:3)

Give ear and come to me; listen, that you may live.
I will make an everlasting covenant with you, my faithful
love promised to David.
(Isaiah 55:3)

다만 이뿐 아니라
우리가 환난 중에도 즐거워하나니
이는 환난은 인내를, 인내는 연단을, 연단은 소망을
이루는 줄 앎이로다
(롬 5:3-4)

Not only so, but we also glory in our sufferings, because we know
that suffering produces perseverance; perseverance, character;
and character, hope.
(Romans 5:3-4)

내 아들아 내 말에 주의하며 내가 말하는 것에
네 귀를 기울이라 그것을 네 눈에서 떠나게 하지
말며 네 마음 속에 지키라 그것은 얻는 자에게
생명이 되며 그의 온 육체의 건강이 됨이니라
(잠 4:20-22)

My son, pay attention to what I say;
turn your ear to my words. Do not let them out of your sight,
keep them within your heart; for they are life to those who
find them and health to one's whole body.
(Proverbs 4:20-22)

그가 빛 가운데 계신 것 같이 우리도 빛 가운데 행하면 우리가 서로 사귐이 있고 그 아들 예수의 피가 우리를 모든 죄에서 깨끗하게 하실 것이요 (요일 1:7)

But if we walk in the light, as he is in the light, we have fellowship with one another, and the blood of Jesus, his Son, purifies us from all sin. (1 John 1:7)

그러나 내가 나 된 것은 하나님의 은혜로 된 것이니
내게 주신 그의 은혜가 헛되지 아니하여
내가 모든 사도보다 더 많이 수고하였으나
내가 한 것이 아니요
오직 나와 함께 하신 하나님의 은혜로라
(고전 15:10)

But by the grace of God I am what I am, and his grace to me
was not without effect.
No, I worked harder than all of them - yet not I, but the grace
of God that was with me.
(1 Corinthians 15:10)

4/21

April

주께서 너희 마음을 인도하여
하나님의 사랑과 그리스도의 인내에
들어가게 하시기를 원하노라
(살후 3:5)

May the Lord direct your hearts into God's love and Christ's
perseverance.
(2 Thessalonians 3:5)

이는 너희가 흠이 없고 순전하여 어그러지고
거스르는 세대 가운데서 하나님의 흠 없는 자녀로
세상에서 그들 가운데 빛들로 나타내며
(빌 2:15)

So that you may become blameless and pure,
"children of God without fault in a warped and crooked
generation."
Then you will shine among them like stars in the sky
(Philippians 2:15)

자랑하는 자는 이것으로 자랑할지니 곧 명철하여
나를 아는 것과 나 여호와는 사랑과 정의와 공의를
땅에 행하는 자인 줄 깨닫는 것이라
나는 이 일을 기뻐하노라 여호와의 말씀이니라
(렘 9:24)

But let the one who boasts boast about this: that they have
the understanding to know me, that I am the Lord, who
exercises kindness, justice and righteousness on earth, for in
these I delight," declares the Lord.
(Jeremiah 9:24)

네 마음의 두려움과 눈이 보는 것으로 말미암아
아침에는 이르기를 아하 저녁이 되었으면
좋겠다 할 것이요 저녁에는 이르기를
아하 아침이 되었으면 좋겠다 하리라
(신 28:67)

In the morning you will say, "If only it were evening!"
and in the evening, "If only it were morning!" - because of the terror
that will fill your hearts and the sights that your eyes will see.
(Deuteronomy 28:67)

사람들이 너를 낮추거든 너는 교만했노라고 말하라
하나님은 겸손한 자를 구원하시리라
(욥 22:29)

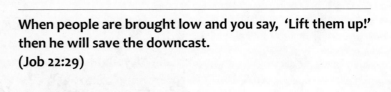

When people are brought low and you say, 'Lift them up!'
then he will save the downcast.
(Job 22:29)

내 형제들아 너희가 여러 가지 시험을 당하거든
온전히 기쁘게 여기라
이는 너희 믿음의 시련이 인내를 만들어 내는 줄
너희가 앎이라
(약 1:2-3)

Consider it pure joy, my brothers and sisters,
whenever you face trials of many kinds, because you know
that the testing of your faith produces perseverance.
(James 1:2-3)

4 / 18
April

여호와는 그들의 힘이시요
그의 기름 부음 받은 자의 구원의 요새이시로다
(시 28:8)

The Lord is the strength of his people, a fortress of salvation for his anointed one.
(Psalm 28:8)

볼지어다 내가 문 밖에 서서 두드리노니
누구든지 내 음성을 듣고 문을 열면
내가 그에게로 들어가
그와 더불어 먹고 그는 나와 더불어 먹으리라
(계 3:20)

Here I am! I stand at the door and knock.
If anyone hears my voice and opens the door, I will come
in and eat with that person, and they with me.
(Revelation 3:20)

남의 말하기를 좋아하는 자의 말은 별식과 같아서
뱃속 깊은 데로 내려가느니라
(잠 18:8)

The words of a gossip are like choice morsels; they go down
to the inmost parts.
(Proverbs 18:8)

너는 네 하나님 여호와의 이름을
망령되게 부르지 말라
여호와는 그의 이름을 망령되게 부르는 자를
죄 없다 하지 아니하리라
(출 20:7)

You shall not misuse the name of the Lord your God, for the Lord will not hold anyone guiltless who misuses his name. (Exodus 20:7)

그들의 발을 씻으신 후에 옷을 입으시고
다시 앉아 그들에게 이르시되
내가 너희에게 행한 것을 너희가 아느냐,
내가 주와 또는 선생이 되어 너희 발을 씻었으니
너희도 서로 발을 씻어 주는 것이 옳으니라
(요 13:12, 14)

When he had finished washing their feet, he put on his clothes and returned to his place. "Do you understand what I have done for you?" he asked them. Now that I, your Lord and Teacher, have washed your feet, you also should wash one another's feet.
(John 13:12,14)

까마귀를 생각하라 심지도 아니하고 거두지도
아니하며 골방도 없고 창고도 없으되
하나님이 기르시나니
너희는 새보다 얼마나 더 귀하냐
(눅 12:24)

Consider the ravens: They do not sow or reap,
they have no storeroom or barn; yet God feeds them.
And how much more valuable you are than birds!
(Luke 12:24)

4/15

April

이는 젖을 먹는 자마다 어린 아이니
의의 말씀을 경험하지 못한 자요
단단한 음식은 장성한 자의 것이니
그들은 지각을 사용함으로 연단을 받아
선악을 분별하는 자들이니라
(히 5:13-14)

Anyone who lives on milk, being still an infant,
is not acquainted with the teaching about righteousness.
But solid food is for the mature, who by constant use
have trained themselves to distinguish good from evil.
(Hebrews 5:13-14)

그러므로 누구든지
이 어린 아이와 같이 자기를 낮추는 사람이
천국에서 큰 자니라
(마 18:4)

Therefore, whoever
takes the lowly position of this child is the greatest
in the kingdom of heaven.
(Matthew 18:4)

4/14

April

마음이 지혜로운 자는 명철하다 일컬음을 받고
입이 선한 자는 남의 학식을 더하게 하느니라
(잠 16:21)

The wise in heart are called discerning, and gracious
words promote instruction.
(Proverbs 16:21)

그들이 주리거나 목마르지 아니할 것이며
더위와 볕이 그들을 상하지 아니하리니
이는 그들을 긍휼히 여기는 이가 그들을 이끌되
샘물 근원으로 인도할 것임이라
(사 49:10)

They will neither hunger nor thirst, nor will the desert heat or
the sun beat down on them.
He who has compassion on them will guide them and lead them
beside springs of water.
(Isaiah 49:10)

사람이 교만하면 낮아지게 되겠고
마음이 겸손하면 영예를 얻으리라
(잠 29:23)

Pride brings a person low, but the lowly in spirit gain honor.
(Proverbs 29:23)

이는 우리가 믿음으로 행하고
보는 것으로 행하지 아니함이로라
(고후 5:7)

For we live by faith, not by sight. (2 Corinthians 5:7)

이르시되 너희 믿음이 작은 까닭이니라
진실로 너희에게 이르노니
만일 너희에게 믿음이 겨자씨 한 알 만큼만 있어도
이 산을 명하여
여기서 저기로 옮겨지라 하면 옮겨질 것이요
또 너희가 못할 것이 없으리라 (마 17:20)

He replied, "Because you have so little faith. Truly I tell you,
if you have faith as small as a mustard seed, you can say to this
mountain, 'Move from here to there,' and it will move.
Nothing will be impossible for you." (Matthew 17:20)

의에 주리고 목마른 자는 복이 있나니
그들이 배부를 것임이요
(마 5:6)

Blessed are those who hunger and thirst for righteousness,
for they will be filled.
(Matthew 5:6)

사람이 의롭게 되는 것은 율법의 행위로 말미암음이 아니요 오직 예수 그리스도를 믿음으로 말미암는 줄 알므로 우리도 그리스도 예수를 믿나니 이는 우리가 율법의 행위로써가 아니고 그리스도를 믿음으로써 의롭다 함을 얻으려 함이라 율법의 행위로써는 의롭다 함을 얻을 육체가 없느니라 (갈 2:16)

know that a person is not justified by the works of the law, but by faith in Jesus Christ. So we, too, have put our faith in Christ Jesus that we may be justified by faith in Christ and not by the works of the law, because by the works of the law no one will be justified. (Galatians 2:16)

너는 하나님 앞에서 함부로 입을 열지 말며
급한 마음으로 말을 내지 말라
하나님은 하늘에 계시고 너는 땅에 있음이니라
그런즉 마땅히 말을 적게 할 것이라
(전 5:2)

Do not be quick with your mouth, do not be hasty in your heart
to utter anything before God.
God is in heaven and you are on earth, so let your words be few.
(Ecclesiastes 5:2)

여호와께서 너희를 곧 너희와 너희의 자손을
더욱 번창하게 하시기를 원하노라
(시 115:14)

May the Lord cause you to flourish, both you and your children.
(Psalm 115:14)

그리스도 예수의 사람들은 육체와 함께
그 정욕과 탐심을 십자가에 못 박았느니라
(갈 5:24)

Those who belong to Christ Jesus have crucified the sinful
nature with its passions and desires.
(Galatians 5:24)

네가 물 가운데로 지날 때에
내가 너와 함께 할 것이라
강을 건널 때에 물이 너를 침몰하지 못할 것이며
네가 불 가운데로 지날 때에 타지도 아니할 것이요
불꽃이 너를 사르지도 못하리니
(사 43:2)

When you pass through the waters, I will be with you;
and when you pass through the rivers, they will not
sweep over you. When you walk through the fire,
you will not be burned; the flames will not set you ablaze.
(Isaiah 43:2)

시험에 들지 않게 깨어 기도하라
마음에는 원이로되 육신이 약하도다 하시고
(마 26:41)

"Watch and pray so that you will not fall into temptation.
The spirit is willing, but the body is weak."
(Matthew 26:41)

그러므로 너희 담대함을 버리지 말라
이것이 큰 상을 얻게 하느니라
(히 10:35)

So do not throw away your confidence; it will be richly rewarded.
(Hebrews 10:35)

네가 네 하나님 여호와의 말씀을 삼가 듣고
내가 오늘 네게 명령하는
그의 모든 명령을 지켜 행하면
네 하나님 여호와께서
너를 세계 모든 민족 위에 뛰어나게 하실 것이라
(신 28:1)

If you fully obey the Lord your God and carefully follow all his commands
I give you today, the Lord your God will set you high
above all the nations on earth.
(Deuteronomy 28:1)

선한 양심을 가지라
이는 그리스도 안에 있는 너희의 선행을
욕하는 자들로 그 비방하는 일에
부끄러움을 당하게 하려 함이라
(벧전 3:16)

keeping a clear conscience, so that those who speak
maliciously against your good behavior in Christ may be
ashamed of their slander.
(1 Peter 3:16)

그러므로 내가 그리스도를 위하여 약한 것들과
능욕과 궁핍과 박해와 곤고를 기뻐하노니
이는 내가 약한 그 때에 강함이라
(고후 12:10)

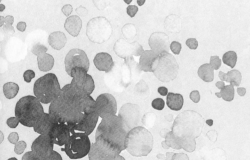

That is why, for Christ's sake, I delight in weaknesses, in insults,
in hardships, in persecutions, in difficulties.
For when I am weak, then I am strong.
(2 Corinthians 12:10)

나의 하나님이
그리스도 예수 안에서 영광 가운데
그 풍성한 대로 너희 모든 쓸 것을 채우시리라
(빌 4:19)

And my God will meet all your needs according to the riches
of his glory in Christ Jesus.
(Philippians 4:19)

너는 하나님과 화목하고 평안하라
그리하면 복이 네게 임하리라
청하건대 너는 하나님의 입에서
교훈을 받고 하나님의 말씀을 네 마음에 두라
(욥 22:21-22)

"Submit to God and be at peace with him; in this way prosperity will come to you.
Accept instruction from his mouth and lay up his words in your heart.
(Job 22:21-22)

형제들아 너희가 자유를 위하여 부르심을 입었으나
그러나 그 자유로 육체의 기회를 삼지 말고
오직 사랑으로 서로 종 노릇 하라
(갈 5:13)

You, my brothers and sisters, were called to be free.
But do not use your freedom to indulge the flesh; rather,
serve one another humbly in love.
(Galatians 5:13)

너는 말씀을 전파하라
때를 얻든지 못 얻든지 항상 힘쓰라
범사에 오래 참음과 가르침으로 경책하며
경계하며 권하라
(딤후 4:2)

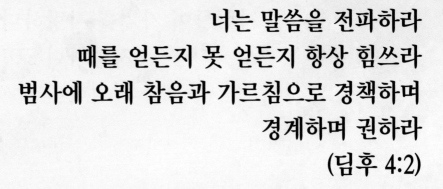

Preach the word; be prepared in season and out of season; correct, rebuke and encourage - with great patience and careful instruction. (2 Timothy 4:2)

사람들이 자기를 사랑하며 돈을 사랑하며
자랑하며 교만하며 비방하며
부모를 거역하며 감사하지 아니하며
거룩하지 아니하며
(딤후 3:2)

People will be lovers of themselves, lovers of money,
boastful, proud, abusive, disobedient to their parents,
ungrateful, unholy
(2 Timothy 3:2)

대저 젖을 저으면 엉긴 젖이 되고
코를 비틀면 피가 나는 것 같이
노를 격동하면 다툼이 남이니라
(잠 30:33)

For as churning cream produces butter, and as twisting the
nose produces blood, so stirring up anger produces strife."
(Proverbs 30:33)

이는 나 여호와 너의 하나님이
네 오른손을 붙들고 네게 이르기를 두려워하지 말라
내가 너를 도우리라 할 것임이니라
(사 41:13)

For I am the Lord your God who takes hold of your right
hand and says to you, Do not fear; I will help you.
(Isaiah 41:13)

너희 안에서 행하시는 이는 하나님이시니
자기의 기쁘신 뜻을 위하여
너희에게 소원을 두고 행하게 하시나니
(빌 2:13)

For it is God who works in you to will and to act in order to fulfill his good purpose.
(Philippians 2:13)

악을 꾀하는 자의 마음에는 속임이 있고
화평을 의논하는 자에게는 희락이 있느니라
(잠 12:20)

Deceit is in the hearts of those who plot evil, but those who
promote peace have joy.
(Proverbs 12:20)

9/29

September

내게 능력 주시는 자 안에서
내가 모든 것을 할 수 있느니라
(빌 4:13)

I can do all this through him who gives me strength.
(Philippians 4:13)

망령되고 허탄한 신화를 버리고
경건에 이르도록 네 자신을 연단하라
육체의 연단은 약간의 유익이 있으나
경건은 범사에 유익하니
금생과 내생에 약속이 있느니라
(딤전 4:7-8)

Have nothing to do with godless myths and old wives' tales;
rather, train yourself to be godly.
For physical training is of some value, but godliness has value
for all things, holding promise for both the present life and the
life to come. (1 Timothy 4:7-8)

모든 은혜의 하나님
곧 그리스도 안에서 너희를 부르사
자기의 영원한 영광에 들어가게 하신 이가
잠깐 고난을 당한 너희를 친히
온전하게 하시며 굳건하게 하시며
강하게 하시며 터를 견고하게 하시리라
(벧전 5:10)

And the God of all grace, who called you to his eternal glory in Christ,
after you have suffered a little while,
will himself restore you and make you strong, firm and steadfast.
(1 Peter 5:10)

명철한 자에게는 그 명철이 생명의 샘이 되거니와
미련한 자에게는 그 미련한 것이 징계가 되느니라
(잠 16:22)

Prudence is a fountain of life to the prudent, but folly brings punishment to fools.
(Proverbs 16:22)

두루 다니며 한담하는 자는 남의 비밀을 누설하나니
입술을 벌린 자를 사귀지 말지니라
(잠 20:19)

A gossip betrays a confidence; so avoid anyone who
talks too much
(Proverbs 20:19)

모든 성경은 하나님의 감동으로 된 것으로
교훈과 책망과 바르게 함과 의로 교육하기에
유익하니 (딤후 3:16)

All Scripture is God-breathed and is useful for teaching,
rebuking, correcting and training in righteousness
(2 Timothy 3:16)

우리는 뒤로 물러가 멸망할 자가 아니요
오직 영혼을 구원함에 이르는 믿음을 가진 자니라
(히 10:39)

But we do not belong to those who shrink back and are destroyed,
but to those who have faith and are saved.
(Hebrews 10:39)

3/29

March

그러므로 우리는 긍휼하심을 받고
때를 따라 돕는 은혜를 얻기 위하여
은혜의 보좌 앞에 담대히 나아갈 것이니라
(히 4:16)

Let us then approach God's throne of grace with
confidence, so that we may receive mercy and find
grace to help us in our time of need.
(Hebrews 4:16)

나의 의인은 믿음으로 말미암아 살리라
또한 뒤로 물러가면 내 마음이 그를 기뻐하지
아니하리라 하셨느니라
(히 10:38)

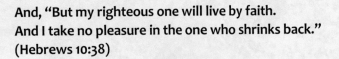

And, "But my righteous one will live by faith.
And I take no pleasure in the one who shrinks back."
(Hebrews 10:38)

오늘 내가 네게 명령하는
여호와의 규례와 명령을 지키라
너와 네 후손이 복을 받아
네 하나님 여호와께서 네게 주시는 땅에서
한 없이 오래 살리라
(신 4:40)

Keep his decrees and commands, which I am giving you today,
so that it may go well with you and your children after you and
that you may live long in the land the Lord your God gives you
for all time. (Deuteronomy 4:40)

아무 것도 염려하지 말고
다만 모든 일에 기도와 간구로,
너희 구할 것을 감사함으로 하나님께
아뢰라 그리하면 모든 지각에 뛰어난 하나님의 평강이
그리스도 예수 안에서 너희 마음과 생각을 지키시리라
(빌 4:6-7)

Do not be anxious about anything, but in every situation,
by prayer and petition, with thanksgiving, present your requests
to God. And the peace of God, which transcends all understanding,
will guard your hearts and your minds in Christ Jesus.
(Philippians 4:6-7)

하나님이 우리를 구원하사 거룩하신 소명으로
부르심은 우리의 행위대로 하심이 아니요
오직 자기의 뜻과 영원 전부터
그리스도 예수 안에서 우리에게 주신
은혜대로 하심이라
(딤후 1:9)

He has saved us and called us to a holy life - not because of anything
we have done but because of his own purpose and grace.
This grace was given us in Christ Jesus before the beginning of time.
(2 Timothy 1:9)

예수께서 이르시되
어찌하여 두려워하며
어찌하여 마음에 의심이 일어나느냐
(눅 24:38)

He said to them, "Why are you troubled, and why do doubts rise in your minds?
(Luke 24:38)

너는 내게 부르짖으라 내가 네게 응답하겠고
네가 알지 못하는 크고 은밀한 일을 네게 보이리라
(렘 33:3)

Call to me and I will answer you and tell you great and
unsearchable things you do not know.
(Jeremiah 33:3)

이제부터는 너희를 종이라 하지 아니하리니
종은 주인이 하는 것을 알지 못함이라
너희를 친구라 하였노니 내가 내 아버지께 들은 것을
다 너희에게 알게 하였음이라
(요 15:15)

I no longer call you servants, because a servant does not know
his master's business.
Instead, I have called you friends, for everything that I learned
from my Father I have made known to you.
(John 15:15)

3/25

March

여호와를 경외하는 자에게는 견고한 의뢰가 있나니
그 자녀들에게 피난처가 있으리라
(잠 14:26)

Whoever fears the Lord has a secure fortress, and for
their children it will be a refuge.
(Proverbs 14:26)

10/7
October

주께서 내 마음에 두신 기쁨은 그들의 곡식과
새 포도주가 풍성할 때보다 더하니이다
(시 4:7)

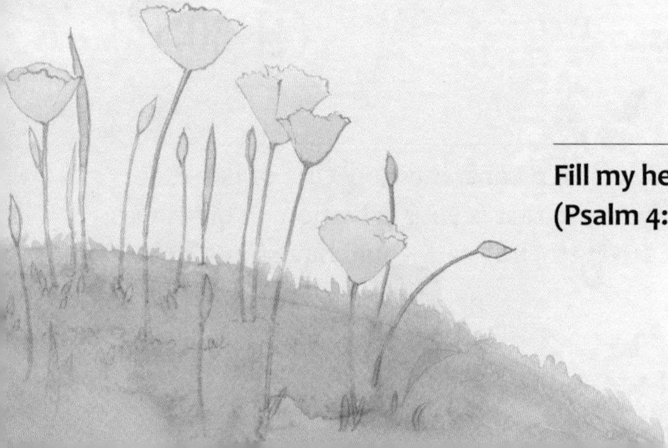

Fill my heart with joy when their grain and new wine abound.
(Psalm 4:7)

주 여호와 이스라엘의 거룩하신 이가
이같이 말씀하시되 너희가 돌이켜 조용히 있어야
구원을 얻을 것이요 잠잠하고 신뢰하여야
힘을 얻을 것이거늘 너희가 원하지 아니하고
(사 30:15)

This is what the Sovereign Lord, the Holy One of Israel,
says: "In repentance and rest is your salvation, in quietness
and trust is your strength, but you would have none of it.
(Isaiah 30:15)

음행과 온갖 더러운 것과 탐욕은
너희 중에서 그 이름조차도 부르지 말라
이는 성도에게 마땅한 바니라
(엡 5:3)

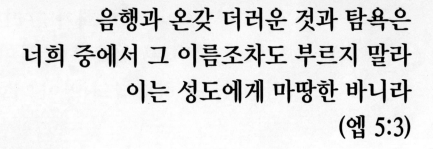

But among you there must not be even a hint of sexual immorality,
or of any kind of impurity, or of greed, because these are improper
for God's holy people.
(Ephesians 5:3)

3/23

March

너희가 그리스도의 이름으로
치욕을 당하면 복 있는 자로다
영광의 영 곧 하나님의 영이 너희 위에 계심이라
(벧전 4:14)

If you are insulted because of the name of Christ, you are blessed,
for the Spirit of glory and of God rests on you.
(1Peter 4:14)

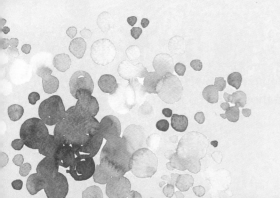

다만 우리에게
가난한 자들을 기억하도록 부탁하였으니
이것은 나도 본래부터 힘써 행하여 왔노라
(갈 2:10)

All they asked was that we should continue to remember
the poor, the very thing I had been eager to do all along.
(Galatians 2:10)

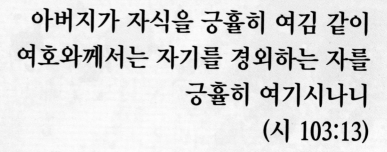

3/22

March

아버지가 자식을 긍휼히 여김 같이
여호와께서는 자기를 경외하는 자를
긍휼히 여기시나니
(시 103:13)

As a father has compassion on his children, so the Lord
has compassion on those who fear him.
(Psalm 103:13)

보옵소서 내게 큰 고통을 더하신 것은
내게 평안을 주려 하심이라
주께서 내 영혼을 사랑하사
멸망의 구덩이에서 건지셨고
내 모든 죄를 주의 등 뒤에 던지셨나이다
(사 38:17)

Surely it was for my benefit that I suffered such anguish.
In your love you kept me from the pit of destruction;
you have put all my sins behind your back.
(Isaiah 38:17)

그가 찔림은 우리의 허물 때문이요
그가 상함은 우리의 죄악 때문이라
그가 징계를 받으므로 우리는 평화를 누리고
그가 채찍에 맞으므로 우리는 나음을 받았도다
(사 53:5)

But he was pierced for our transgressions, he was crushed for
our iniquities; the punishment that brought us peace was on him,
and by his wounds we are healed.
(Isaiah 53:5)

이 봉사의 직무가 성도들의 부족한 것을 보충할 뿐
아니라 사람들이 하나님께 드리는 많은 감사로
말미암아 넘쳤느니라
(고후 9:12)

This service that you perform is not only supplying the needs of
the Lord's people but is also overflowing in many expressions of
thanks to God.
(2 Corinthians 9:12)

예수께서 이르시되
너는 나를 본 고로 믿느냐
보지 못하고 믿는 자들은 복되도다 하시니라
(요 20:29)

Then Jesus told him, "Because you have seen me, you have believed; blessed are those who have not seen and yet have believed."
(John 20:29)

여호와의 율법은 완전하여 영혼을 소성시키며
여호와의 증거는 확실하여 우둔한 자를 지혜롭게 하며
(시 19:7)

The law of the Lord is perfect, refreshing the soul.
The statutes of the Lord are trustworthy, making wise the simple.
(Psalm 19:7)

친히 나무에 달려
그 몸으로 우리 죄를 담당하셨으니
이는 우리로 죄에 대하여 죽고
의에 대하여 살게 하려 하심이라
그가 채찍에 맞음으로 너희는 나음을 얻었나니
(벧전 2:24)

"He himself bore our sins" in his body on the cross, so that
we might die to sins and live for righteousness; "by his
wounds you have been healed."
(1 Peter 2:24)

그의 영광의 힘을 따라
모든 능력으로 능하게 하시며
기쁨으로 모든 견딤과 오래 참음에 이르게 하시고
(골 1:11)

Being strengthened with all power according to his glorious
might so that you may have great endurance and patience
(Colossians 1:11)

3/18

March

그리스도 예수 안에 있는 속량으로 말미암아
하나님의 은혜로 값 없이 의롭다 하심을
얻은 자 되었느니라
(롬 3:24)

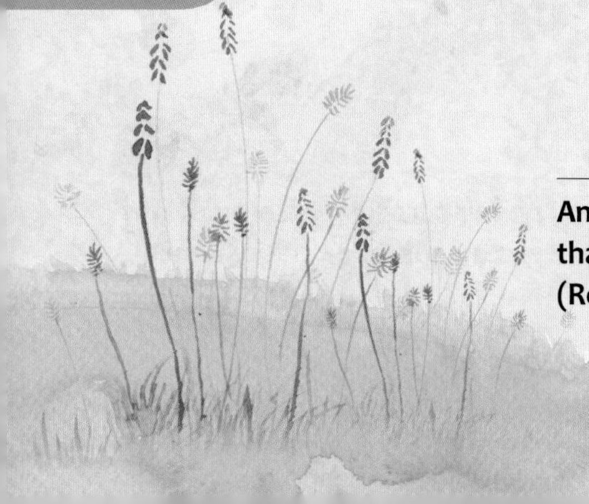

And all are justified freely by his grace through the redemption that came by Christ Jesus.
(Romans 3:24)

간음하지 말라, 살인하지 말라, 도둑질하지 말라,
탐내지 말라 한 것과 그 외에 다른 계명이
있을지라도 네 이웃을 네 자신과 같이 사랑하라
하신 그 말씀 가운데 다 들었느니라 (롬 13:9)

The commandments, "You shall not commit adultery," "You shall not murder," "You shall not steal," "You shall not covet," and whatever other command there may be, are summed up in this one command: "Love your neighbor as yourself." (Romans 13:9)

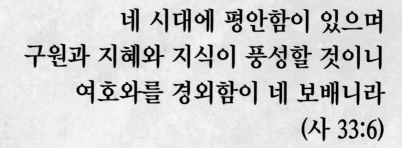

3/17

March

네 시대에 평안함이 있으며
구원과 지혜와 지식이 풍성할 것이니
여호와를 경외함이 네 보배니라
(사 33:6)

He will be the sure foundation for your times, a rich store of salvation and wisdom and knowledge; the fear of the Lord is the key to this treasure.
(Isaiah 33:6)

주의 교훈으로 나를 인도하시고
후에는 영광으로 나를 영접하시리니
(시 73:24)

You guide me with your counsel, and afterward you will
take me into glory.
(Psalm 73:24)

너 학대를 당하지 아니하고도 학대하며
속이고도 속임을 당하지 아니하는 자여 화 있을진저
네가 학대하기를 그치면 네가 학대를 당할 것이며
네가 속이기를 그치면 사람이 너를 속이리라
(사 33:1)

Woe to you, destroyer, you who have not been destroyed!
Woe to you, betrayer, you who have not been betrayed!
When you stop destroying, you will be destroyed;
when you stop betraying, you will be betrayed.
(Isaiah 33:1)

FAITH

또 형제들아 너희를 권면하노니
게으른 자들을 권계하며
마음이 약한 자들을 격려하고
힘이 없는 자들을 붙들어 주며
모든 사람에게 오래 참으라
(살전 5:14)

And we urge you, brothers and sisters,
warn those who are idle and disruptive, encourage the disheartened,
help the weak, be patient with everyone.
(1 Thessalonians 5:14)

또 모세의 율법으로
너희가 의롭다 하심을 얻지 못하던 모든 일에도
이 사람을 힘입어 믿는 자마다 의롭다 하심을
얻는 이것이라
(행 13:39)

Through him everyone who believes is set free from
every sin, a justification you were not able to obtain
under the law of Moses.
(Acts 13:39)

스스로 속이지 말라
하나님은 업신여김을 받지 아니하시나니
사람이 무엇으로 심든지 그대로 거두리라
(갈 6:7)

Do not be deceived: God cannot be mocked.
A man reaps what he sows.
(Galatians 6:7)

또 무엇을 하든지
말에나 일에나 다 주 예수의 이름으로 하고
그를 힘입어 하나님 아버지께 감사하라
(골 3:17)

And whatever you do, whether in word or deed, do it all
in the name of the Lord Jesus, giving thanks to God the
Father through him.
(Colossians 3:17)

10/18

October

믿음은 바라는 것들의 실상이요
보이지 않는 것들의 증거니
(히 11:1)

Now faith is confidence in what we hope for and
assurance about what we do not see.
(Hebrews 11:1)

인내를 온전히 이루라
이는 너희로 온전하고 구비하여
조금도 부족함이 없게 하려 함이라
(약 1:4)

Let perseverance finish its work so that you may be mature
and complete, not lacking anything.
(James 1:4)

10/19

October

여호와께서 자기를 위하여
경건한 자를 택하신 줄 너희가 알지어다
내가 그를 부를 때에 여호와께서 들으시리로다
(시 4:3)

Know that the Lord has set apart his faithful servant for himself;
the Lord hears when I call to him.
(Psalm 4:3)

너희가 성경에서 영생을 얻는 줄 생각하고
성경을 연구하거니와
이 성경이 곧 내게 대하여 증언하는 것이니라
(요 5:39)

You study the Scriptures diligently because you think that in
them you have eternal life.
These are the very Scriptures that testify about me
(John 5:39)

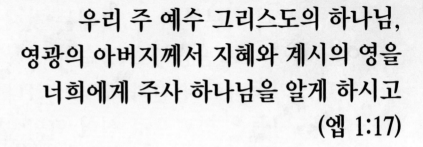

우리 주 예수 그리스도의 하나님,
영광의 아버지께서 지혜와 계시의 영을
너희에게 주사 하나님을 알게 하시고
(엡 1:17)

I keep asking that the God of our Lord Jesus Christ, the glorious Father,
may give you the Spirit of wisdom and revelation, so that you may know
him better.
(Ephesians 1:17)

오직 위로부터 난 지혜는 첫째 성결하고 다음에
화평하고 관용하고 양순하며 긍휼과 선한 열매가
가득하고 편견과 거짓이 없나니 화평하게 하는
자들은 화평으로 심어 의의 열매를 거두느니라
(약 3:17-18)

But the wisdom that comes from heaven is first of all pure;
then peace-loving, considerate, submissive, full of mercy and
good fruit, impartial and sincere.
Peacemakers who sow in peace reap a harvest of righteousness.
(James 3:17-18)

나의 반석이시요 나의 구속자이신 여호와여
내 입의 말과 마음의 묵상이
주님 앞에 열납되기를 원하나이다
(시 19:14)

May these words of my mouth and this meditation of
my heart be pleasing in your sight, Lord, my Rock and
my Redeemer.
(Psalm 19:14)

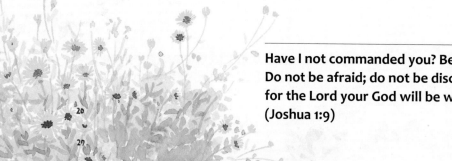

내가 네게 명령한 것이 아니냐 강하고 담대하라
두려워하지 말며 놀라지 말라 네가 어디로 가든지
네 하나님 여호와가 너와 함께 하느니라 하시니라
(수 1:9)

Have I not commanded you? Be strong and courageous.
Do not be afraid; do not be discouraged,
for the Lord your God will be with you wherever you go.
(Joshua 1:9)

이르되 내가 받는 고난으로 말미암아 여호와께
불러 아뢰었더니 주께서 내게 대답하셨고
내가 스올의 뱃속에서 부르짖었더니
주께서 내 음성을 들으셨나이다
(욘 2:2)

He said: "In my distress I called to the Lord,
and he answered me.
From deep in the realm of the dead I called for help,
and you listened to my cry.
(Jonah 2:2)

젊은 자들아 이와 같이 장로들에게 순종하고
다 서로 겸손으로 허리를 동이라
하나님은교만한 자를 대적하시되
겸손한 자들에게는 은혜를 주시느니라
(벧전 5:5)

In the same way, you who are younger,
submit yourselves to your elders.
All of you, clothe yourselves with humility toward one
another, because,
"God opposes the proud but shows favor to the humble."
(1 Peter 5:5)

10/23
October

환난의 많은 시련 가운데서
그들의 넘치는 기쁨과 극심한 가난이
그들의 풍성한 연보를 넘치도록 하게 하였느니라
(고후 8:2)

In the midst of a very severe trial, their overflowing joy
and their extreme poverty welled up in rich generosity.
(2 Corinthians 8:2)

범사에 감사하라
이것이 그리스도 예수 안에서 너희를 향하신
하나님의 뜻이니라
(살전 5:18)

Give thanks in all circumstances; for this is God's will for you in Christ Jesus.
(1 Thessalonians 5:18)

10/24

October

너는 가서 기쁨으로 네 음식물을 먹고 즐거운
마음으로 네 포도주를 마실지어다 이는 하나님이
네가 하는 일들을 벌써 기쁘게 받으셨음이니라
(전 9:7)

Go, eat your food with gladness, and drink your wine with
a joyful heart, for God has already approved what you do.
(Ecclesiastes 9:7)

침상에 누운 중풍병자를 사람들이 데리고 오거늘
예수께서 그들의 믿음을 보시고
중풍병자에게 이르시되
작은 자야 안심하라 네 죄 사함을 받았느니라
(마 9:2)

Some men brought to him a paralyzed man, lying on a mat.
When Jesus saw their faith, he said to the man, "Take heart, son;
your sins are forgiven."
(Matthew 9:2)

선한 말은 꿀송이 같아서 마음에 달고
뼈에 양약이 되느니라
(잠 16:24)

Gracious words are a honeycomb, sweet to the soul and
healing to the bones.
(Proverbs 16:24)

나를 눈동자 같이 지키시고
주의 날개 그늘 아래에 감추사
내 앞에서 나를 압제하는 악인들과
나의 목숨을 노리는 원수들에게서 벗어나게 하소서
(시 17:8-9)

Keep me as the apple of your eye;
hide me in the shadow of your wings from the wicked
who are out to destroy me,
from my mortal enemies who surround me.
(Psalm 17:8-9)

입에서 나오는 것들은 마음에서 나오나니
이것이야말로 사람을 더럽게 하느니라
(마 15:18)

But the things that come out of the mouth come from the heart,
and these make a man 'unclean.'
(Matthew 15:18)

주의 약속은 어떤 이들이 더디다고 생각하는 것 같이 더딘 것이 아니라 오직 주께서는 너희를 대하여 오래 참으사 아무도 멸망하지 아니하고 다 회개하기에 이르기를 원하시느니라

(벧후 3:9)

The Lord is not slow in keeping his promise, as some understand slowness.
Instead he is patient with you, not wanting anyone to perish, but everyone to come to repentance.
(2 Peter 3:9)

지혜가 너를 선한 자의 길로 행하게 하며
또 의인의 길을 지키게 하리니
(잠 2:20)

Thus you will walk in the ways of the good and keep to
the paths of the righteous.
(Proverbs 2:20)

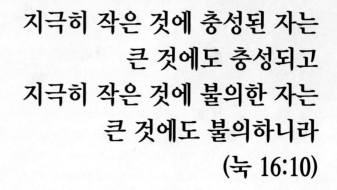

3/4

March

지극히 작은 것에 충성된 자는
큰 것에도 충성되고
지극히 작은 것에 불의한 자는
큰 것에도 불의하니라
(눅 16:10)

Whoever can be trusted with very little can also be trusted with much,
and whoever is dishonest with very little will also be dishonest with much.
(Luke 16:10)

주여 이제도 그들의 위협함을 굽어보시옵고 또
종들로 하여금 담대히 하나님의 말씀을 전하게 하여
주시오며 손을 내밀어 병을 낫게 하시옵고
표적과 기사가 거룩한 종 예수의 이름으로
이루어지게 하옵소서 하더라
(행 4:29-30)

Now, Lord, consider their threats and enable your servants
to speak your word with great boldness.
Stretch out your hand to heal and perform signs and
wonders through the name of your holy servant Jesus."
(Acts 4:29-30)

3/3

March

내 거룩한 산 모든 곳에서
해 됨도 없고 상함도 없을 것이니
이는 물이 바다를 덮음 같이
여호와를 아는 지식이 세상에 충만할 것임이니라
(사 11:9)

They will neither harm nor destroy on all my holy mountain,
for the earth will be filled with the knowledge of the Lord
as the waters cover the sea.
(Isaiah 11:9)

그 이름을 믿으므로
그 이름이 너희가 보고 아는 이 사람을 성하게 하였나니
예수로 말미암아 난 믿음이
너희 모든 사람 앞에서 이같이 완전히 낫게 하였느니라
(행 3:16)

By faith in the name of Jesus, this man whom you see and know was made strong.
It is Jesus' name and the faith that comes through him that has completely healed him, as you can all see.
(Acts 3:16)

이방인들도 그 긍휼하심으로 말미암아
하나님께 영광을 돌리게 하려 하심이라
기록된 바 그러므로 내가 열방 중에서 주께 감사하고
주의 이름을 찬송하리로다 함과 같으니라
(롬 15:9)

And, moreover, that the Gentiles might glorify God for his mercy.
As it is written: "Therefore I will praise you among the Gentiles;
I will sing the praises of your name."
(Romans 15:9)

너희는 세상의 소금이니
소금이 만일 그 맛을 잃으면 무엇으로 짜게 하리요
후에는 아무 쓸 데 없어 다만 밖에 버려져
사람에게 밟힐 뿐이니라
(마 5:13)

You are the salt of the earth. But if the salt loses its saltiness,
how can it be made salty again? It is no longer good for
anything, except to be thrown out and trampled underfoot.
(Matthew 5:13)

너희 소유를 팔아 구제하여
낡아지지 아니하는 배낭을 만들라
곧 하늘에 둔 바 다함이 없는 보물이니
거기는 도둑도 가까이 하는 일이 없고
좀도 먹는 일이 없느니라
(눅 12:33)

Sell your possessions and give to the poor.
Provide purses for yourselves that will not wear out, a treasure
in heaven that will never fail, where no thief comes near and no
moth destroys.
(Luke 12:33)

너희는 이 세대를 본받지 말고
오직 마음을 새롭게 함으로 변화를 받아
하나님의 선하시고 기뻐하시고 온전하신 뜻이
무엇인지 분별하도록 하라
(롬 12:2)

Do not conform to the pattern of this world,
but be transformed by the renewing of your mind.
Then you will be able to test and approve what
God's will is - his good, pleasing and perfect will.
(Romans 12:2)

2/29

February

너희 염려를 다 주께 맡기라
이는 그가 너희를 돌보심이라
(벧전 5:7)

Cast all your anxiety on him because he cares for you.
(1 Peter 5:7)

11/1

November

사람의 걸음은 여호와로 말미암나니
사람이 어찌 자기의 길을 알 수 있으랴
(잠 20:24)

**A person's steps are directed by the Lord.
How then can anyone understand their own way?
(Proverbs 20:24)**

형통한 날에는 기뻐하고
곤고한 날에는 되돌아 보아라
이 두 가지를 하나님이 병행하게 하사
사람이 그의 장래 일을 능히 헤아려
알지 못하게 하셨느니라
(전 7:14)

When times are good, be happy; but when times are bad,
consider this: God has made the one as well as the other.
Therefore, no one can discover anything about their future.
(Ecclesiastes 7:14)

11/2

November

오직 선을 행함과 서로 나누어 주기를 잊지 말라
하나님은 이같은 제사를 기뻐하시느니라
(히 13:16)

And do not forget to do good and to share with others, for with
such sacrifices God is pleased.
(Hebrews 13:16)

자기의 마음을 믿는 자는 미련한 자요
지혜롭게 행하는 자는 구원을 얻을 자니라
(잠 28:26)

Those who trust in themselves are fools, but those who
walk in wisdom are kept safe.
(Proverbs 28:26)

많은 사람이 연단을 받아 스스로 정결하게 하며
희게 할 것이나 악한 사람은 악을 행하리니
악한 자는 아무것도 깨닫지 못하되
오직 지혜 있는 자는 깨달으리라
(단 12:10)

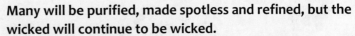

Many will be purified, made spotless and refined, but the
wicked will continue to be wicked.
None of the wicked will understand, but those who are wise
will understand.
(Daniel 12:10)

모든 사람이 죄를 범하였으매
하나님의 영광에 이르지 못하더니
그리스도 예수 안에 있는 속량으로 말미암아
하나님의 은혜로 값 없이 의롭다 하심을
얻은 자 되었느니라
(롬 3:23-24)

For all have sinned and fall short of the glory of God, and all are justified freely by his grace through the redemption that came by Christ Jesus.
(Romans 3:23-24)

생각하건대
현재의 고난은 장차 우리에게 나타날
영광과 비교할 수 없도다
(롬 8:18)

I consider that our present sufferings are not worth comparing
with the glory that will be revealed in us.
(Romans 8:18)

복 있는 사람은 악인들의 꾀를 따르지 아니하며
죄인들의 길에 서지 아니하며 오만한 자들의 자리에
앉지 아니하고 오직 여호와의 율법을 즐거워하여
그의 율법을 주야로 묵상하는도다
(시 1:1-2)

Blessed is the one who does not walk in step with the wicked
or stand in the way that sinners take or sit in the company of
mockers, but whose delight is in the law of the Lord, and who
meditates on his law day and night.
(Psalm 1:1-2)

우리는 형제를 사랑함으로
사망에서 옮겨 생명으로 들어간 줄을 알거니와
사랑하지 아니하는 자는
사망에 머물러 있느니라
(요일 3:14)

We know that we have passed from death to life, because
we love each other.
Anyone who does not love remains in death.
(1 John 3:14)

지혜를 얻는 자는 자기 영혼을 사랑하고
명철을 지키는 자는 복을 얻느니라
(잠 19:8)

The one who gets wisdom loves life; the one who cherishes
understanding will soon prosper.
(Proverbs 19:8)

주께서 생명의 길을 내게 보이셨으니 주 앞에서
내게 기쁨이 충만하게 하시리로다 하였으므로
(행 2:28)

You have made known to me the paths of life; you will fill me
with joy in your presence.
(Acts 2:28)

2/23

February

내가 이것을 너희에게 이름은
내 기쁨이 너희 안에 있어
너희 기쁨을 충만하게 하려 함이라
(요 15:11)

I have told you this so that my joy may be in you and
that your joy may be complete.
(John 15:11)

이는 우리가 이제부터 어린 아이가 되지 아니하여 사람의 속임수와 간사한 유혹에 빠져 온갖 교훈의 풍조에 밀려 요동하지 않게 하려 함이라 오직 사랑 안에서 참된 것을 하여 범사에 그에게까지 자랄지라 그는 머리니 곧 그리스도라

(엡 4:14-15)

Then we will no longer be infants, tossed back and forth by the waves, and blown here and there by every wind of teaching and by the cunning and craftiness of people in their deceitful scheming. Instead, speaking the truth in love, we will grow to become in every respect the mature body of him who is the head, that is, Christ.
(Ephesians 4:14-15)

그러나 그들이 다 복음을 순종하지 아니하였도다
이사야가 이르되 주여 우리가 전한 것을 누가
믿었나이까 하였으니 그러므로 믿음은 들음에서
나며 들음은 그리스도의 말씀으로 말미암았느니라

(롬 10:16-17)

But not all the Israelites accepted the good news.
For Isaiah says, "Lord, who has believed our message?"
Consequently, faith comes from hearing the message,
and the message is heard through the word about Christ.
(Romans 10:16-17)

11/8

November

나의 기도가 주의 앞에 분향함과 같이 되며
나의 손 드는 것이 저녁 제사 같이 되게 하소서
(시 141:2)

May my prayer be set before you like incense;
may the lifting up of my hands be like the evening sacrifice
(Psalm 141:2)

2/21

February

진리의 말씀이
내 입에서 조금도 떠나지 말게 하소서
내가 주의 규례를 바랐음이니이다
(시 119:43)

Never take your word of truth from my mouth, for I have put my hope in your laws.
(Psalm 119:43)

의인의 마음은 대답할 말을 깊이 생각하여도
악인의 입은 악을 쏟느니라

(잠 15:28)

The heart of the righteous weighs its answers, but the mouth of the wicked gushes evil.
(Proverbs 15:28)

너는 반드시 그에게 줄 것이요,
줄 때에는 아끼는 마음을 품지 말 것이니라
이로 말미암아 네 하나님 여호와께서
네가 하는 모든 일과 네 손이 닿는 모든 일에
네게 복을 주시리라
(신 15:10)

Give generously to them and do so without a grudging heart;
then because of this the Lord your God will bless you in all your work and in
everything you put your hand to.
(Deuteronomy 15:10)

믿음이 없이는 하나님을 기쁘시게 하지 못하나니
하나님께 나아가는 자는 반드시 그가 계신 것과
또한 그가 자기를 찾는 자들에게
상 주시는 이심을 믿어야 할지니라
(히 11:6)

And without faith it is impossible to please God,
because anyone who comes to him must believe that he
exists and that he rewards those who earnestly seek him.
(Hebrews 11:6)

사랑하는 자들아 너희는 너희의 지극히 거룩한
믿음 위에 자신을 세우며 성령으로 기도하며
하나님의 사랑 안에서 자신을 지키며
영생에 이르도록 우리 주 예수 그리스도의
긍휼을 기다리라
(유 1:20-21)

But you, dear friends, by building yourselves up in your most
holy faith and praying in the Holy Spirit, keep yourselves in God's
love as you wait for the mercy of our Lord Jesus Christ to bring
you to eternal life.
(Jude 1:20-21)

너는 갑작스러운 두려움도
악인에게 닥치는 멸망도 두려워하지 말라
대저 여호와는 네가 의지할 이시니라
네 발을 지켜 걸리지 않게 하시리라
(잠 3:25-26)

Have no fear of sudden disaster or of the ruin that
overtakes the wicked, for the Lord will be at your side
and will keep your foot from being snared.
(Proverbs 3:25-26)

우리 하나님이여
이제 우리가 주께 감사하오며
주의 영화로운 이름을 찬양하나이다
(대상 29:13)

Now, our God, we give you thanks, and praise your glorious name.
(1 Chronicles 29:13)

주께서 나를 내 원수들에게서 구조하시니
주께서 나를 대적하는 자들의 위에
나를 높이 드시고 나를 포악한 자에게서 건지시나이다
여호와여 이러므로 내가 이방 나라들 중에서
주께 감사하며 주의 이름을 찬송하리이다
(시 18:48-49)

who saves me from my enemies. You exalted me above my foes;
from a violent man you rescued me. Therefore I will praise you,
Lord, among the nations; I will sing the praises of your name.
(Psalm 18:48-49)

여호와께서 기드온에게 이르시되
내가 이 물을 핥아 먹은 삼백 명으로
너희를 구원하며 미디안을 네 손에 넘겨 주리니
남은 백성은 각각 자기의 처소로
돌아갈 것이니라 하시니
(삿 7:7)

The Lord said to Gideon, "With the three hundred men that lapped I will save you and give the Midianites into your hands. Let all the others go home."
(Judges 7:7)

11/13

November

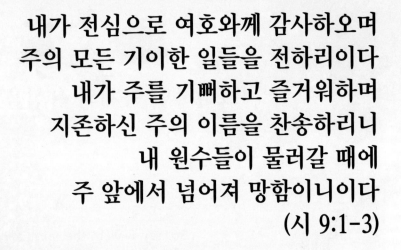

내가 전심으로 여호와께 감사하오며
주의 모든 기이한 일들을 전하리이다
내가 주를 기뻐하고 즐거워하며
지존하신 주의 이름을 찬송하리니
내 원수들이 물러갈 때에
주 앞에서 넘어져 망함이니이다
(시 9:1-3)

I will give thanks to you, Lord, with all my heart; I will tell of all your wonderful deeds. I will be glad and rejoice in you; I will sing the praises of your name, O Most High. My enemies turn back; they stumble and perish before you. (Psalm 9:1-3)

내가 이르노니
너희는 성령을 따라 행하라
그리하면 육체의 욕심을 이루지 아니하리라
(갈 5:16)

So I say, walk by the Spirit, and you will not gratify the desires of the flesh.
(Galatians 5:16)

그가 내게 간구하리니 내가 그에게 응답하리라
그들이 환난 당할 때에 내가 그와 함께 하여
그를 건지고 영화롭게 하리라
(시 91:15)

He will call on me, and I will answer him;
I will be with him in trouble, I will deliver him and honor him.
(Psalm 91:15)

우리 구원의 하나님이여
주의 이름의 영광스러운 행사를 위하여
우리를 도우시며 주의 이름을 증거하기 위하여
우리를 건지시며 우리 죄를 사하소서
(시 79:9)

Help us, God our Savior, for the glory of your name;
deliver us and forgive our sins for your name's sake.
(Psalm 79:9)

하나님이여 내 속에 정한 마음을 창조하시고
내 안에 정직한 영을 새롭게 하소서
나를 주 앞에서 쫓아내지 마시며
주의 성령을 내게서 거두지 마소서
(시 51:10-11)

Create in me a pure heart, O God,
and renew a steadfast spirit within me.
Do not cast me from your presence or take your Holy
Spirit from me.
(Psalm 51:10-11)

2/14

February

부지런하여 게으르지 말고
열심을 품고 주를 섬기라
(롬 12:11)

Never be lacking in zeal, but keep your spiritual
fervor, serving the Lord.
(Romans 12:11)

너희는 여호와께 감사하며
그의 이름을 불러 아뢰며
그가 행하신 일을 만민 중에 알릴지어다
(대상 16:8)

Give praise to the Lord, proclaim his name; make known
among the nations what he has done.
(1 Chronicles 16:8)

2/13

February

어리석은 자는 그의 마음에 이르기를
하나님이 없다 하는도다
그들은 부패하고 그 행실이 가증하니
선을 행하는 자가 없도다
(시 14:1)

The fool says in his heart, "There is no God."
They are corrupt, their deeds are vile; there is no one who
does good.
(Psalm 14:1)

무엇이든지 내 눈이 원하는 것을
내가 금하지 아니하며
무엇이든지 내 마음이 즐거워하는 것을
내가 막지 아니하였으니
이는 나의 모든 수고를 내 마음이 기뻐하였음이라
이것이 나의 모든 수고로 말미암아 얻은 몫이로다
(전 2:10)

I denied myself nothing my eyes desired; I refused my heart no pleasure.
My heart took delight in all my labor, and this was the reward for all my toil.
(Ecclesiastes 2:10)

이 예언의 말씀을 읽는 자와 듣는 자와
그 가운데에 기록한 것을 지키는 자는 복이 있나니
때가 가까움이라
(계 1:3)

Blessed is the one who reads aloud the words of this prophecy,
and blessed are those who hear it and take to heart what is
written in it, because the time is near.
(Revelation 1:3)

지혜 있는 자는 듣고 학식이 더할 것이요
명철한 자는 지략을 얻을 것이라
(잠 1:5)

Let the wise listen and add to their learning, and let the
discerning get guidance.
(Proverbs 1:5)

2/11

February

그는 시냇가에 심은 나무가
철을 따라 열매를 맺으며
그 잎사귀가 마르지 아니함 같으니
그가 하는 모든 일이 다 형통하리로다
(시 1:3)

That person is like a tree planted by streams of water,
which yields its fruit in season and whose leaf does not
wither-whatever they do prospers.
(Psalm 1:3)

온순한 혀는 곧 생명 나무이지만
패역한 혀는 마음을 상하게 하느니라
(잠 15:4)

The soothing tongue is a tree of life, but a perverse
tongue crushes the spirit.
(Proverbs 15:4)

이 사람은 하나님을 자기 힘으로 삼지 아니하고
오직 자기 재물의 풍부함을 의지하며
자기의 악으로 스스로 든든하게 하던 자라 하리로다
(시 52:7)

"Here now is the man who did not make God his stronghold
but trusted in his great wealth and grew strong by
destroying others!"
(Psalm 52:7)

내가 진실로 진실로 너희에게 이르노니
나를 믿는 자는 내가 하는 일을 그도 할 것이요
또한 그보다 큰 일도 하리니
이는 내가 아버지께로 감이라
(요 14:12)

Very truly I tell you, whoever believes in me will do the works
I have been doing, and they will do even greater things than these,
because I am going to the Father.
(John 14:12)

2/9

February

우리가 너의 승리로 말미암아 개가를 부르며
우리 하나님의 이름으로 우리의 깃발을 세우리니
여호와께서 네 모든 기도를
이루어 주시기를 원하노라
(시 20:5)

May we shout for joy over your victory and lift up our banners in the name of our God. May the Lord grant all your requests.
(Psalm 20:5)

가난한 자를 구제하는 자는 궁핍하지 아니하려니와
못 본 체하는 자에게는 저주가 크리라
(잠 28:27)

Those who give to the poor will lack nothing,
but those who close their eyes to them receive many curses.
(Proverbs 28:27)

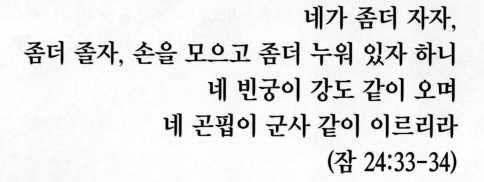

네가 좀더 자자,
좀더 졸자, 손을 모으고 좀더 누워 있자 하니
네 빈궁이 강도 같이 오며
네 곤핍이 군사 같이 이르리라
(잠 24:33-34)

A little sleep, a little slumber, a little folding of the hands to rest - and poverty will come on you like a thief and scarcity like an armed man.
(Proverbs 24:33-34)

11/22

November

범사에 여러분에게 모본을 보여준 바와 같이
수고하여 약한 사람들을 돕고
또 주 예수께서 친히 말씀하신 바
주는 것이 받는 것보다 복이 있다
하심을 기억하여야 할지니라
(행 20:35)

In everything I did, I showed you that by this kind of hard work we must help the weak, remembering the words the Lord Jesus himself said: 'It is more blessed to give than to receive.' (Acts 20:35)

또 청결하고 정직하면
반드시 너를 돌보시고
네 의로운 처소를 평안하게 하실 것이라
(욥 8:6)

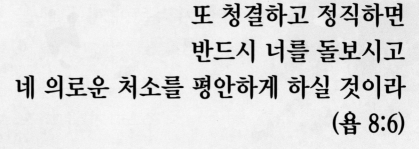

if you are pure and upright,
even now he will rouse himself on your behalf and restore you to
your prosperous state.
(Job 8:6)

11/23

November

의인이 부르짖으매 여호와께서 들으시고
그들의 모든 환난에서 건지셨도다
(시 34:17)

The righteous cry out, and the Lord hears them; he delivers
them from all their troubles.
(Psalm 34:17)

그러나 더욱 큰 은혜를 주시나니
그러므로 일렀으되
하나님이 교만한 자를 물리치시고
겸손한 자에게 은혜를 주신다 하였느니라
(약 4:6)

But he gives us more grace.
That is why Scripture says: "God opposes the proud but shows favor to the humble."
(James 4:6)

11/24

November

너희 중에 큰 자는 너희를 섬기는 자가 되어야 하리라
누구든지 자기를 높이는 자는 낮아지고
누구든지 자기를 낮추는 자는 높아지리라
(마 23:11-12)

The greatest among you will be your servant.
For those who exalt themselves will be humbled, and those
who humble themselves will be exalted.
(Matthew 23:11-12)

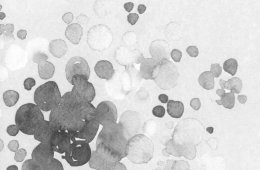

하나님은 순전한 사람을 버리지 아니하시고
악한 자를 붙들어 주지 아니하시므로
웃음을 네 입에, 즐거운 소리를 네 입술에 채우시리니
(욥 8:20-21)

Surely God does not reject one who is blameless or strengthen
the hands of evildoers. He will yet fill your mouth with
laughter and your lips with shouts of joy.
(Job 8:20-21)

11/25

November

오직 내 말을 듣는 자는
평안히 살며
재앙의 두려움이 없이 안전하리라
(잠 1:33)

But whoever listens to me will live in safety and be at ease,
without fear of harm.
(Proverbs 1:33)

각각 은사를 받은 대로
하나님의 여러 가지 은혜를 맡은
선한 청지기 같이 서로 봉사하라
(벧전 4:10)

Each of you should use whatever gift you have received to serve
others, as faithful stewards of God's grace in its various forms.
(1 Peter 4:10)

그러므로
나의 사랑하고 사모하는 형제들,
나의 기쁨이요 면류관인 사랑하는 자들아
이와 같이 주 안에 서라
(빌 4:1)

Therefore, my brothers and sisters, you whom I love and long for,
my joy and crown, stand firm in the Lord in this way, dear friends!
(Philippians 4:1)

지혜로운 자의 마음은 그의 입을 슬기롭게 하고
또 그의 입술에 지식을 더하느니라
(잠 16:23)

The hearts of the wise make their mouths prudent, and their lips
promote instruction.
(Proverbs 16:23)

게으른 자의 길은 가시 울타리 같으나
정직한 자의 길은 대로니라
(잠 15:19)

The way of the sluggard is blocked with thorns, but the path of
the upright is a highway.
(Proverbs 15:19)

가난한 자를 보살피는 자에게 복이 있음이여
재앙의 날에 여호와께서 그를 건지시리로다
(시 41:1)

Blessed are those who have regard for the weak; the Lord delivers
them in times of trouble.
(Psalm 41:1)

평안을 너희에게 끼치노니
곧 나의 평안을 너희에게 주노라
내가 너희에게 주는 것은
세상이 주는 것과 같지 아니하니라
너희는 마음에 근심하지도 말고 두려워하지도 말라
(요 14:27)

Peace I leave with you; my peace I give you. I do not give to
you as the world gives.
Do not let your hearts be troubled and do not be afraid.
(John 14:27)

너희를 박해하는 자를 축복하라
축복하고 저주하지 말라
(롬 12:14)

Bless those who persecute you; bless and do not curse.
(Romans 12:14)

너의 행사를 여호와께 맡기라
그리하면 네가 경영하는 것이 이루어지리라
(잠 16:3)

Commit to the Lord whatever you do, and he will
establish your plans. (Proverbs 16:3)

그러므로 회개에 합당한 열매를 맺고
속으로 아브라함이 우리 조상이라 말하지 말라
내가 너희에게 이르노니
하나님이 능히 이 돌들로도
아브라함의 자손이 되게 하시리라
(눅 3:8)

Produce fruit in keeping with repentance.
And do not begin to say to yourselves, 'We have Abraham as our father.'
For I tell you that out of these stones God can raise up children for
Abraham.
(Luke 3:8)

11/30

November

내가 환난 중에서 여호와께 아뢰며
나의 하나님께 아뢰었더니
그가 그의 성전에서 내 소리를 들으심이여
나의 부르짖음이 그의 귀에 들렸도다
(삼하 22:7)

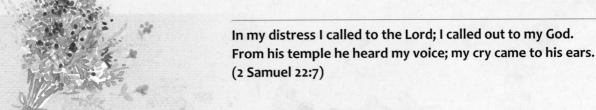

In my distress I called to the Lord; I called out to my God.
From his temple he heard my voice; my cry came to his ears.
(2 Samuel 22:7)

여호와를 바라는 너희들아 강하고 담대하라
(시 31:24)

Be strong and take heart, all you who hope in the Lord.
(Psalm 31:24)

주께서 사랑하시는 형제들아 우리가 항상 너희에
관하여 마땅히 하나님께 감사할 것은
하나님이 처음부터 너희를 택하사
성령의 거룩하게 하심과 진리를 믿음으로
구원을 받게 하심이니
(살후 2:13)

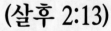

But we ought always to thank God for you, brothers and
sisters loved by the Lord, because God chose you as
firstfruits to be saved through the sanctifying work of the
Spirit and through belief in the truth.
(2 Thessalonians 2:13)

그의 백성을 인도하여
광야를 통과하게 하신 이에게 감사하라
그 인자하심이 영원함이로다
(시 136:16)

To him who led his people through the wilderness;
His love endures forever.
(Psalm 136:16)

12/2

December

그런즉
믿음, 소망, 사랑,
이 세 가지는 항상 있을 것인데
그 중의 제일은 사랑이라
(고전 13:13)

And now these three remain: faith, hope and love.
But the greatest of these is love.
(1 Corinthians 13:13)

우리 주 예수 그리스도와 우리를 사랑하시고
영원한 위로와 좋은 소망을 은혜로 주신
하나님 우리 아버지께서 너희 마음을 위로하시고
모든 선한 일과 말에 굳건하게 하시기를 원하노라
(살후 2:16-17)

May our Lord Jesus Christ himself and God our Father,
who loved us and by his grace gave us eternal encouragement
and good hope, encourage your hearts and strengthen you in
every good deed and word.
(2 Thessalonians 2:16-17)

너희 믿음의 확실함은
불로 연단하여도 없어질 금보다 더 귀하여
예수 그리스도께서 나타나실 때에
칭찬과 영광과 존귀를 얻게 할 것이니라
(벧전 1:7)

These have come so that the proven genuineness of your
faith-of greater worth than gold, which perishes even
though refined by fire-may result in praise,
glory and honor when Jesus Christ is revealed.
(1 Peter 1:7)

내가 너희의 모든 대적이 능히 대항하거나
변박할 수 없는 구변과 지혜를 너희에게 주리라
(눅 21:15)

For I will give you words and wisdom that none of your
adversaries will be able to resist or contradict.
(Luke 21:15)

긍휼히 여기는 자는 복이 있나니
그들이 긍휼히 여김을 받을 것임이요
(마 5:7)

Blessed are the merciful, for they will be shown mercy.
(Matthew 5:7)

내가 달려갈 길과 주 예수께 받은 사명 곧 하나님의
은혜의 복음을 증언하는 일을 마치려 함에는
나의 생명조차 조금도 귀한 것으로
여기지 아니하노라
(행 20:24)

However, I consider my life worth nothing to me; my only aim is
to finish the race and complete the task the Lord Jesus has given
me - the task of testifying to the good news of God's grace.
(Acts 20:24)

게으르지 아니하고
믿음과 오래 참음으로 말미암아
약속들을 기업으로 받는 자들을
본받는 자 되게 하려는 것이니라
(히 6:12)

We do not want you to become lazy,
but to imitate those who through faith and patience inherit
what has been promised. (Hebrews 6:12)

고난 당한 것이 내게 유익이라
이로 말미암아
내가 주의 율례들을 배우게 되었나이다
(시 119:71)

It was good for me to be afflicted so that I might learn your decrees.
(Psalm 119:71)

네가 무엇을 결정하면 이루어질 것이요
네 길에 빛이 비치리라
(욥 22:28)

What you decide on will be done, and light will shine on your ways.
(Job 22:28)

그러므로 우리가 믿음으로 의롭다 하심을 받았으니
우리 주 예수 그리스도로 말미암아
하나님과 화평을 누리자
(롬 5:1)

Therefore, since we have been justified through faith,
we have peace with God through our Lord Jesus Christ,
(Romans 5:1)

네가 네 손이 수고한 대로 먹을 것이라
네가 복되고 형통하리로다
(시 128:2)

You will eat the fruit of your labor; blessings and prosperity will be yours.
(Psalm 128:2)

1/23

January

너희는 그 은혜에 의하여 믿음으로 말미암아
구원을 받았으니 이것은 너희에게서 난 것이 아니요
하나님의 선물이라 행위에서 난 것이 아니니
이는 누구든지 자랑하지 못하게 함이라
(엡 2:8-9)

For it is by grace you have been saved, through faith - and this not from
yourselves, it is the gift of God -- not by works, so that no one can boast.
(Ephesians 2:8-9)

흩어 구제하여도 더욱 부하게 되는 일이 있나니
과도히 아껴도 가난하게 될 뿐이니라
구제를 좋아하는 자는 풍족하여질 것이요
남을 윤택하게 하는 자는 자기도 윤택하여지리라
(잠 11:24-25)

One person gives freely, yet gains even more;
another withholds unduly, but comes to poverty. A generous person will
prosper; whoever refreshes others will be refreshed.
(Proverbs 11:24-25)

한 사람의 범죄로 말미암아
사망이 그 한 사람을 통하여 왕 노릇 하였은즉
더욱 은혜와 의의 선물을 넘치게 받는 자들은
한 분 예수 그리스도를 통하여
생명 안에서 왕 노릇 하리로다
(롬 5:17)

For if, by the trespass of the one man, death reigned through that one man, how much more will those who receive God's abundant provision of grace and of the gift of righteousness reign in life through the one man, Jesus Christ!
(Romans 5:17)

12/9

December

그러므로 내가 너희에게 말하노니
무엇이든지 기도하고 구하는 것은 받은 줄로 믿으라
그리하면 너희에게 그대로 되리라
(막 11:24)

Therefore I tell you, whatever you ask for in prayer,
believe that you have received it, and it will be yours.
(Mark 11:24)

예수께서 대답하여 이르시되 기록되었으되
사람이 떡으로만 살 것이 아니요
하나님의 입으로부터 나오는 모든 말씀으로 살 것이라
하였느니라 하시니
(마 4:4)

Jesus answered, "It is written: 'Man shall not live on bread alone,
but on every word that comes from the mouth of God.'"
(Matthew 4:4)

허물을 덮어 주는 자는 사랑을 구하는 자요
그것을 거듭 말하는 자는
친한 벗을 이간하는 자니라
(잠 17:9)

Whoever would foster love covers over an offense,
 but whoever repeats the matter separates close friends.
(Proverbs 17:9)

사람아 주께서 선한 것이 무엇임을 네게 보이셨나니
여호와께서 네게 구하시는 것은
오직 정의를 행하며 인자를 사랑하며 겸손하게
네 하나님과 함께 행하는 것이 아니냐
(미 6:8)

He has shown you, O mortal, what is good.
And what does the Lord require of you?
To act justly and to love mercy and to walk humbly with your God.
(Micah 6 :8)

12/11

December

먼저 내가 예수 그리스도로 말미암아
너희 모든 사람에 관하여 내 하나님께 감사함은
너희 믿음이 온 세상에 전파됨이로다
(롬 1:8)

First, I thank my God through Jesus Christ for all of you, because your faith is being reported all over the world.
(Romans 1:8)

나는 포도나무요 너희는 가지라
그가 내 안에, 내가 그 안에 거하면
사람이 열매를 많이 맺나니
나를 떠나서는 너희가 아무 것도 할 수 없음이라
(요 15:5)

"I am the vine; you are the branches.
If you remain in me and I in you, you will bear much fruit;
apart from me you
can do nothing. (John 15 :5)

12/12

December

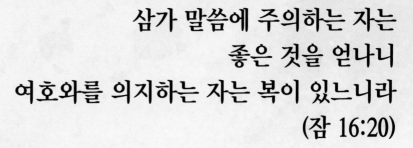

삼가 말씀에 주의하는 자는
좋은 것을 얻나니
여호와를 의지하는 자는 복이 있느니라
(잠 16:20)

Whoever gives heed to instruction prospers, and blessed is
the one who trusts in the Lord
(Proverbs 16:20)

너는 구제할 때에
오른손이 하는 것을 왼손이 모르게 하여
(마 6:3)

But when you give to the needy,
do not let your left hand know what your right hand is doing,
(Matthew 6:3)

하나님의 말씀은 살아 있고 활력이 있어
좌우에 날선 어떤 검보다도 예리하여
혼과 영과 및 관절과 골수를 찔러 쪼개기까지 하며
또 마음의 생각과 뜻을 판단하나니
(히 4:12)

For the word of God is alive and active.
Sharper than any double-edged sword, it penetrates even to
dividing soul and spirit, joints and marrow;
it judges the thoughts and attitudes of the heart.
(Hebrews 4:12)

그런즉 그들을 두려워하지 말라
감추인 것이
드러나지 않을 것이 없고
숨은 것이 알려지지 않을 것이 없느니라
(마 10:26)

So do not be afraid of them, for there is nothing concealed
that will not be disclosed, or hidden that will not be made known.
(Matthew 10:26)

여호와를 경외하는 것이
지식의 근본이거늘
미련한 자는 지혜와 훈계를 멸시하느니라
(잠 1:7)

The fear of the Lord is the beginning of knowledge,
but fools despise wisdom and instruction.
(Proverbs 1:7)

1/16

January

내가 네 갈 길을 가르쳐 보이고
너를 주목하여 훈계하리로다
(시 32:8)

I will instruct you and teach you in the way you should go;
I will counsel you with my loving eye on you.
(Psalm 32:8)

또 무리에게 이르시되
아무든지 나를 따라오려거든
자기를 부인하고
날마다 제 십자가를 지고 나를 따를 것이니라
(눅 9:23)

Then he said to them all: "Whoever wants to be my
disciple must deny themselves and take up their cross
daily and follow me.
(Luke 9:23)

풀은 마르고 꽃은 시드나
우리 하나님의 말씀은 영원히 서리라 하라
(사 40:8)

The grass withers and the flowers fall, but the word of
our God endures forever.
(Isaiah 40:8)

네 하나님 여호와께서 네게 주신 땅 어느 성읍에서든지
가난한 형제가 너와 함께 거주하거든
그 가난한 형제에게 네 마음을 완악하게 하지 말며
네 손을 움켜 쥐지 말고 반드시 네 손을 그에게 펴서
그에게 필요한 대로 쓸 것을 넉넉히 꾸어주라
(신 15:18)

Do not consider it a hardship to set your servant free, because their service to you these six years has been worth twice as much as that of a hired hand.
And the Lord your God will bless you in everything you do.
(Deuteronomy 15:18)

1/14

January

너는 귀를 기울여 지혜 있는 자의 말씀을 들으며
내 지식에 마음을 둘지어다
(잠 22:17)

Pay attention and turn your ear to the sayings of the wise;
apply your heart to what I teach,
(Proverbs 22:17)

게으른 자는 마음으로 원하여도 얻지 못하나
부지런한 자의 마음은 풍족함을 얻느니라
(잠 13:4)

The sluggard craves and gets nothing, but the desires of the
diligent are fully satisfied.
(Proverbs 13:4)

1/13

January

의인은 고난이 많으나
여호와께서 그의 모든 고난에서 건지시는도다
(시 34:19)

The righteous person may have many troubles, but the Lord
delivers him from them all.
(Psalm 34:19)

주 안에서 항상 기뻐하라
내가 다시 말하노니 기뻐하라
(빌 4:4)

**Rejoice in the Lord always. I will say it again: Rejoice!
(Philippians 4:4)**

그가 아버지의 마음을 자녀에게로 돌이키게 하고
자녀들의 마음을 그들의 아버지에게로 돌이키게
하리라 돌이키지 아니하면 두렵건대
내가 와서 저주로 그 땅을 칠까 하노라 하시니라
(말 4:6)

He will turn the hearts of the parents to their children, and the
hearts of the children to their parents; or else I will come and
strike the land with total destruction."
(Malachi 4:6)

12/19

December

여호와는 나의 빛이요 나의 구원이시니
내가 누구를 두려워하리요
여호와는 내 생명의 능력이시니
내가 누구를 무서워하리요
(시 27:1)

The Lord is my light and my salvation - whom shall I fear?
The Lord is the stronghold of my life - of whom shall I be afraid?
(Psalm 27:1)

너는 여호와를 기다릴지어다
강하고 담대하며 여호와를 기다릴지어다
(시 27:14)

Wait for the Lord; be strong and take heart and wait for
the Lord. (Psalm 27:14)

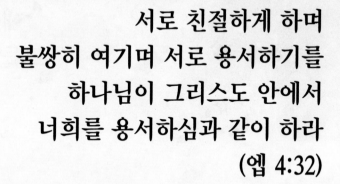

서로 친절하게 하며
불쌍히 여기며 서로 용서하기를
하나님이 그리스도 안에서
너희를 용서하심과 같이 하라
(엡 4:32)

Be kind and compassionate to one another, forgiving each other,
just as in Christ God forgave you.
(Ephesians 4:32)

애통하는 자는 복이 있나니
그들이 위로를 받을 것임이요
(마 5:4)

Blessed are those who mourn, for they will be comforted.
(Matthew 5:4)

여호와의 영이 그들을 골짜기로 내려가는 가축 같이
편히 쉬게 하셨도다 주께서 이와 같이 주의 백성을
인도하사 이름을 영화롭게하셨나이다 하였느니라

(사 63:14)

like cattle that go down to the plain, they were given
rest by the Spirit of the Lord.
This is how you guided your people to make for yourself
a glorious name.
(Isaiah 63:14)

사랑은 오래 참고 사랑은 온유하며
시기하지 아니하며 사랑은 자랑하지 아니하며
교만하지 아니하며 무례히 행하지 아니하며
자기의 유익을 구하지 아니하며 성내지 아니하며
악한 것을 생각하지 아니하며
(고전 13:4-5)

Love is patient, love is kind. It does not envy, it does not boast,
it is not proud. It does not dishonor thers, it is not self-seeking,
it is not easily angered, it keeps no record of wrongs.
(1 Corinthians 13:4-5)

네가 땅에 뿌린 종자에 주께서 비를 주사
땅이 먹을 것을 내며
곡식이 풍성하고 기름지게 하실 것이며
그 날에 네 가축이 광활한 목장에서 먹을 것이요
(사 30:23)

He will also send you rain for the seed you sow in the ground,
and the food that comes from the land will be rich and plentiful.
In that day your cattle will graze in broad meadows.
(Isaiah 30:23)

온유한 자를 정의로 지도하심이여
온유한 자에게 그의 도를 가르치시리로다
(시 25:9)

He guides the humble in what is right and teaches them his way.
(Psalm 25:9)

12/23

December

너희 성도들아 여호와를 경외하라
그를 경외하는 자에게는 부족함이 없도다
젊은 사자는 궁핍하여 주릴지라도
여호와를 찾는 자는 모든 좋은 것에 부족함이 없으리로다
(시 34:9-10)

Fear the Lord, you his holy people, for those who fear
him lack nothing. The lions may grow weak and hungry,
but those who seek the Lord lack no good thing.
(Psalm 34:9-10)

또 아는 것은 하나님의 아들이 이르러 우리에게
지각을 주사 우리로 참된 자를 알게 하신 것과
또한 우리가 참된 자 곧 그의 아들
예수 그리스도 안에 있는 것이니
그는 참 하나님이시요 영생이시라 (요일 5:20)

We know also that the Son of God has come and has given us
understanding, so that we may knowhim who is true.
And we are in him who is true by being in his Son Jesus Christ.
He is the true God and eternal life. (1 John 5:20)

이튿날 요한이 예수께서 자기에게
나아오심을 보고 이르되
보라 세상 죄를 지고 가는
하나님의 어린 양이로다
(요 1:29)

The next day John saw Jesus coming toward him and said,
"Look, the Lamb of God, who takes away the sin of the world!
(John 1:29)

1/6

January

가난한 자를 불쌍히 여기는 것은
여호와께 꾸어 드리는 것이니
그의 선행을 그에게 갚아 주시리라
(잠 19:17)

Whoever is kind to the poor lends to the Lord,
and he will reward them for what they have done.
(Proverbs 19:17)

12/25

December

CHRISTMAS

보라 처녀가 잉태하여 아들을 낳을 것이요
그의 이름은 임마누엘이라 하리라 하셨으니
이를 번역한즉
하나님이 우리와 함께 계시다 함이라
(마 1:23)

"The virgin will conceive and give birth to a son,
and they will call him Immanuel"(which means "God with us").
(Matthew 1:23)

희평하게 하는 자는 복이 있나니
그들이 하나님의 아들이라 일컬음을받을 것임이요
(마 5:9)

Blessed are the peacemakers, for they will be called
children of God. (Matthew 5:9)

오직 너 하나님의 사람아 이것들을 피하고
의와 경건과 믿음과 사랑과 인내와 온유를 따르며
(딤전 6:11)

But you, man of God,
flee from all this, and pursue righteousness, godliness,
faith, love, endurance and gentleness
(1 Timothy 6:11)

1/4

January

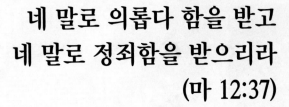

네 말로 의롭다 함을 받고
네 말로 정죄함을 받으리라
(마 12:37)

For by your words you will be acquitted, and by your words
you will be condemned.
(Matthew 12:37)

이는 내 생각이 너희의 생각과 다르며
내 길은 너희의 길과 다름이니라
여호와의 말씀이니라 이는 하늘이 땅보다 높음 같이
내 길은 너희의 길보다 높으며
내 생각은 너희의 생각보다 높음이니라
(사 55:8-9)

"For my thoughts are not your thoughts, neither are your ways my ways,"
declares the Lord. "As the heavens are higher than the earth,
so are my ways higher than your ways and my thoughts than your thoughts.
(Isaiah 55:8-9)

또 우리 사람들도
열매 없는 자가 되지 않게 하기 위하여
필요한 것을 준비하는 좋은 일에
힘 쓰기를 배우게 하라
(딛 3:14)

Our people must learn to devote themselves to doing what is good,
in order to provide for urgent needs and not live unproductive lives.
(Titus 3:14)

12/28

December

그의 계명은 이것이니
곧 그 아들 예수 그리스도의 이름을 믿고
그가 우리에게 주신 계명대로
서로 사랑할 것이니라
(요일 3:23)

And this is his command: to believe in the name of his Son,
Jesus Christ, and to love one another as he commanded us.
(1 John 3:23)

눈물을 흘리며 씨를 뿌리는 자는
기쁨으로 거두리로다
(시 126:5)

Those who sow with tears will reap with songs of joy.
(Psalm 126:5)

주의 손가락으로 만드신 주의 하늘과
주께서 베풀어 두신 달과 별들을 내가 보오니
사람이 무엇이기에 주께서 그를 생각하시며
인자가 무엇이기에 주께서 그를 돌보시나이까
(시 8:3-4)

When I consider your heavens, the work of your fingers,
the moon and the stars, which you have set in place,
what is mankind that you are mindful of them, human beings
that you care for them?
(Psalm 8:3-4)

여호와의 말씀이니라
이스라엘 족속아 이 토기장이가 하는 것 같이
내가 능히 너희에게 행하지 못하겠느냐
이스라엘 족속아 진흙이 토기장이의 손에 있음 같이
너희가 내 손에 있느니라
(렘 18:6)

He said, "Can I not do with you, Israel, as this potter does?"
declares the Lord. "Like clay in the hand of the potter,
so are you in my hand, Israel.
(Jeremiah 18:6)

대저 여호와는 지혜를 주시며
지식과 명철을 그 입에서 내심이며
그는 정직한 자를 위하여 완전한 지혜를 예비하시며
행실이 온전한 자에게 방패가 되시나니
(잠 2:6-7)

For the Lord gives wisdom; from his mouth come
knowledge and understanding.
He holds success in store for the upright, he is a shield
to those whose walk is blameless,
(Proverbs 2:6-7)

완전하신 사랑의 말씀으로
생각과 행동을 바꾸어 습관을 변화시키길 원하는
_____님에게
이 책을 드립니다.

12/31

December

주의 법을 사랑하는 자에게는 큰 평안이 있으니
그들에게 장애물이 없으리이다
(시 119:165)

Great peace have those who love your law, and nothing can make them stumble.
(Psalm 119:165)

큰글

하루를 말씀과 함께

365일

개역개정 * NIV영성성경

신교횃불
CCM2U